Studie van die aar

MW01688321

Land

Hoe is die aarde se landskappe gevorm en hoe beïnvloed dit ons?

GEOLOGIE

Beskrywing: Die studie van die aarde se rotsagtige dele en hoe dit mettertyd verander het.
Toerusting: hamers, hardehoede, proefsakke en toetstoerusting vir minerale

VULKANOLOGIE

Beskrywing: Die studie van vulkane en hul werking om te voorspel of en wanneer hulle gaan uitbars.
Toerusting: seismograwe, satellietbeelde, hittebeelde en toetstoerusting vir gas

KARTOGRAFIE

Beskrywing: Die studie van 'n gebied en die vervaardiging van kaarte, grafieke en beelde.
Toerusting: kompas, ontvanger vir globale posisioneringstelsel (GPS), waterpasinstrument en maatband

GEMMOLOGIE

Beskrywing: Die studie van edelstene om hul gehalte en struktuur te gradeer en identifiseer.
Toerusting: mikroskope, juweliersvergrootglas vir gradering en refraktometer vir identifikasie

Dinge om uit te vind:

vind uit!

Aarde

Skrywer en konsultant: Maryam Sharif-Draper

LAPA Uitgewers
www.lapa.co.za

DK | Penguin Random House

Projekredakteurs
Manisha Majithia, Ishani Nandi
Senior redakteur Cécile Landau
Redaksionele assistent Megan Weal
Senior kunsredakteur Clare Joyce
Projekkunsredakteur Nehal Verma
Kunsredakteur Jaileen Kaur
Besturende redakteurs
Deborah Lock, Alka Thakur Hazarika
Besturende kunsredakteurs
Vicky Short, Romi Chakraborty
DTP-ontwerpers Dheeraj Singh, Ashok Kumar
Prentenavorser Nishwan Rasool
Produksieleier, voorproduksie
Dragana Puvacic
Produksiebeheerder Isabelle Schart
Kunsdirekteur Martin Wilson
Uitgewer Sarah Larter
Uitgewersbestuurder Sophie Mitchell
Opvoedkundige konsultant Jacqueline Harris

Oorspronklike titel: *DKfindout! Earth*

Eerste Afrikaanse uitgawe in 2018 deur LAPA Uitgewers in medeproduksie met Dorling Kindersley Limited, Londen, Engeland

Afrikaans deur Lydia du Plessis

Uitleg deur Full Circle

ISBN 978 0 7993 8971 5

Gedruk en gebind in China

Inhoud

Meteoorreën

Li-rivier, Guilin, China

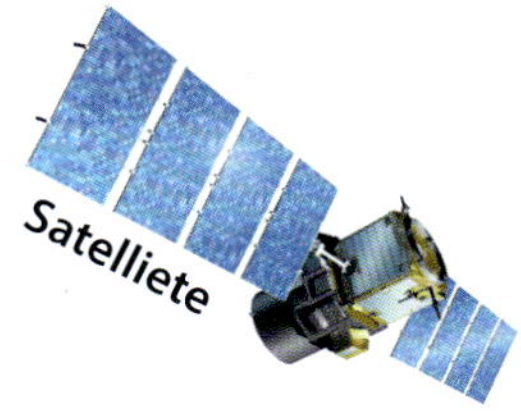

Satelliete

Staatkundige aardbol van die wêreld

Mauna Loa, Hawaii, VSA

Tsunami-brander

Wat is die aarde?

Die aarde is ons tuiste. Dit is amper 150 miljoen kilometer van die son af en die vyfde grootste planeet in ons sonnestelsel. Die aarde is ook die enigste planeet in ons sonnestelsel met water op die oppervlak wat diere en plante in staat stel om te leef.

Dag
As die son op 'n spesifieke deel van die aarde skyn, is dit lig, dus dag.

Sonstrale
Wanneer die son se strale op die aarde skyn, verskaf dit lig en hitte. Sonder die son sou daar geen lewe op aarde gewees het nie.

Ewenaar
Dit is 'n denkbeeldige lyn om die middel van die aarde. Dit is halfpad tussen die Noord- en Suidpool.

! SJOE!

Ons son is massief – omtrent **1 miljoen keer groter** as die aarde!

Sonnestelsel

Ons sonnestelsel bestaan uit die son en die agt planete wat daarom wentel – Mercurius, Venus, die aarde, Mars, Jupiter, Saturnus, Uranus en Neptunus. Daar is ook mane, komete, asteroïede en meteore in ons sonnestelsel. Wetenskaplikes reken ons sonnestelsel is 4,6 miljard jaar gelede gevorm!

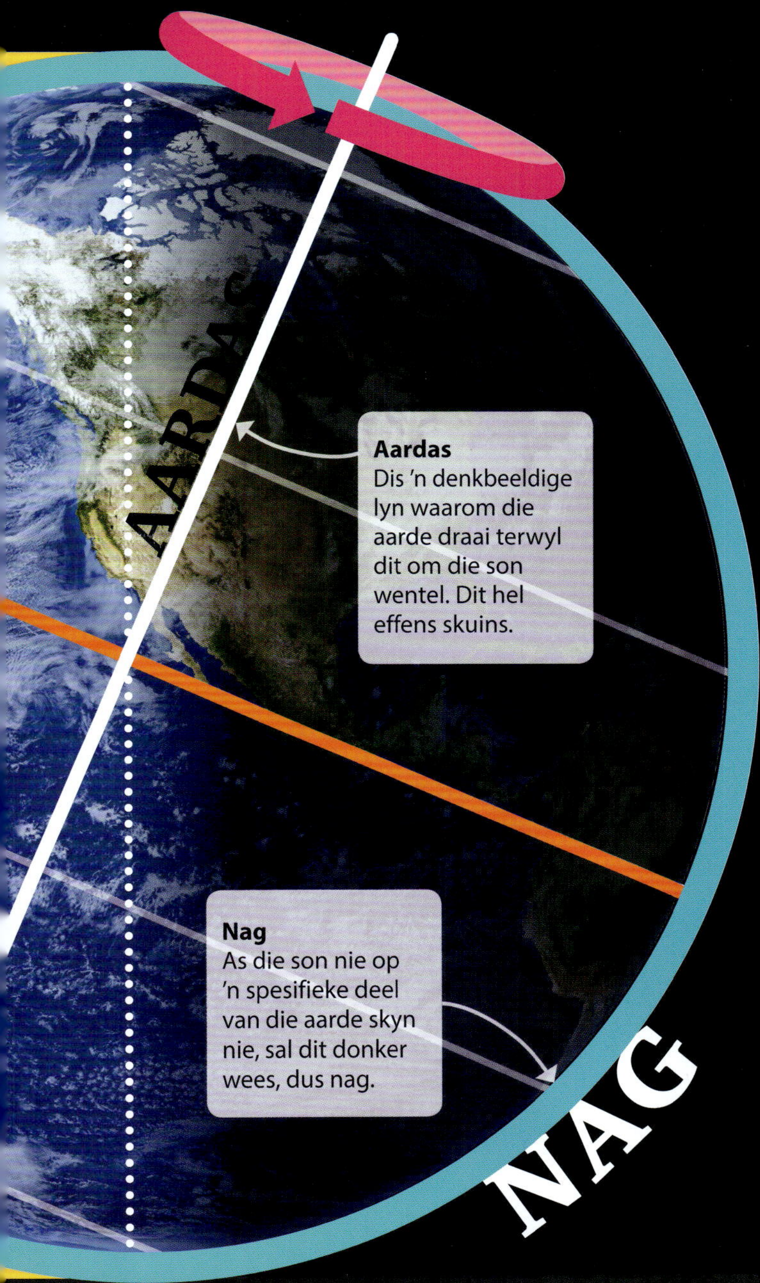

Storie van die aarde

Die aarde en ander planete is vermoedelik gevorm omdat swaartekrag stowwe saamgedwing het in gas- en stofwolke wat rotsstukke geskep het. Dié het mettertyd groter geword en planete geword. Daarna het toestande op aarde ontwikkel om lewe te onderhou.

Wentelbaan

Dit is die pad wat die aarde volg om rondom die son te beweeg. Die wentelbaan is nie 'n perfekte sirkel nie. Dit is effens afgeplat, soos 'n ovaal. Dit neem die aarde 365 dae, 'n hele jaar, om sy omwenteling om die son te voltooi.

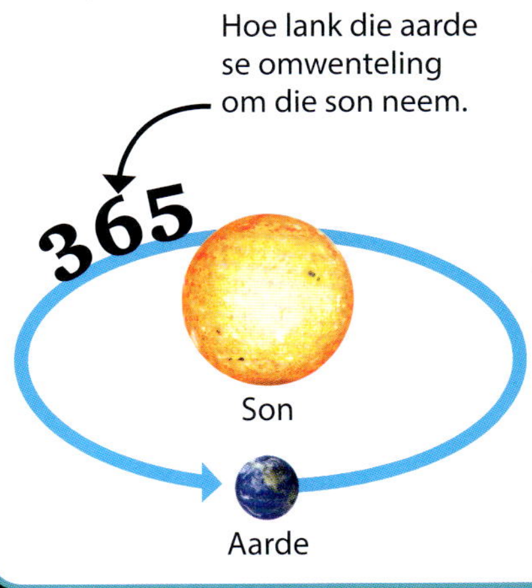

Die aarde se atmosfeer

Die aarde word omring deur 'n dik gaslaag wat die atmosfeer genoem word. Hierdie gasse beskerm die aarde teen die son se strale en verseker dat temperature nie te hoog styg nie. Die atmosfeer word verdeel in 'n aantal lae. Aan die buitenste rand is daar geen definitiewe grens nie. Dit smelt net saam met die ruimte.

600–10 000

Eksosfeer

Dit is die hoogste laag van die aarde se atmosfeer waar dit met die ruimte saamsmelt. Net 'n paar dun gaswolkies word so hoog bo ons planeet aangetref. Ons sal nie hier kan asemhaal nie!

Satelliete
Hulle wentel om die aarde in die termosfeer en eksosfeer. Ons gebruik dit om te bel en TV te kyk. Wetenskaplikes gebruik dit ook om meer oor die ruimte uit te vind.

80–600

Termosfeer

Dit is die enigste laag van die atmosfeer waar temperature styg namate 'n mens hoër gaan. Party dele is 2 000 °C! Satelliete soos die Internasionale Ruimtestasie wentel om die aarde in die termosfeer.

Aurora
Hierdie helder ligte verskyn in die termosfeer wanneer stukkies van die son in die aarde se atmosfeer beland.

! SJOE!
Sonder van die gasse in die atmosfeer sou die aarde onbewoonbaar koud gewees het!

Mesosfeer

Die boonste deel van die mesosfeer is die koudste deel van die atmosfeer teen -143 °C. Digte gasse hier laat meteore stadiger beweeg en sodoende uitbrand.

Stratosfeer

Die lug in hierdie laag is baie droog en stil. Die osoonlaag beskerm plante en diere teen die son se gevaarlike ultravioletstrale en is in die stratosfeer geleë.

Troposfeer

Die lug wat ons inasem, bestaan uit gasse in die troposfeer. Lewe kom dus in hierdie laag voor. Wolke vorm hier en dit is waar meeste van die weer aangetref word.

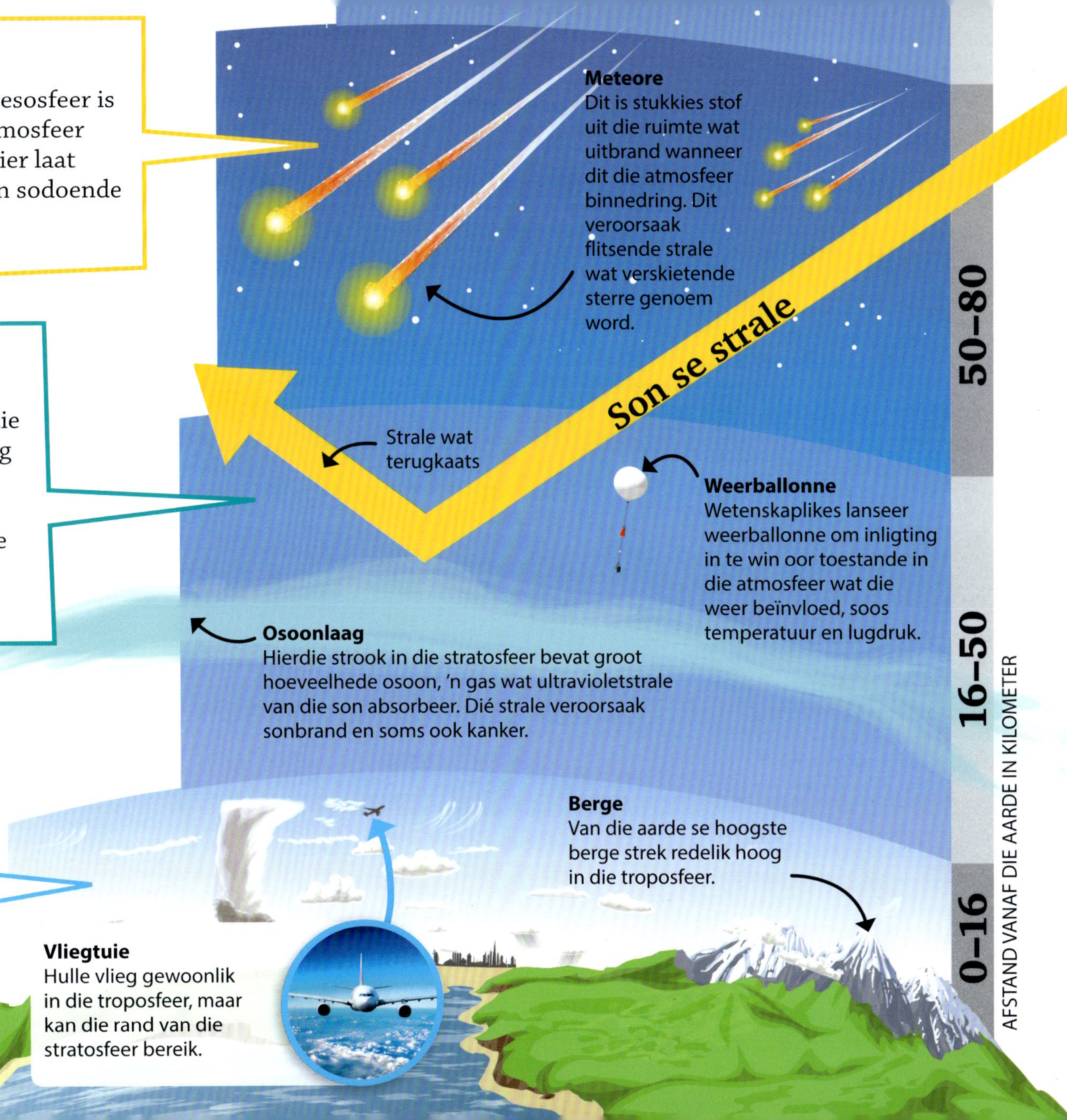

Struktuur van die aarde

Ons planeet bestaan uit verskillende lae. Party is solied, terwyl ander vloeibaar of 'n mengsel daarvan is. Kennis oor die struktuur van die aarde sal jou help om te verstaan wat op die oppervlak gebeur – waar jy bly.

Onder die oppervlak

As jy 'n deel van die aarde kon uitsny, sou jy die verskillende lae sien.

Water
Seë en oseane bedek omtrent 71% van die aarde se oppervlak.

Lae van die aarde

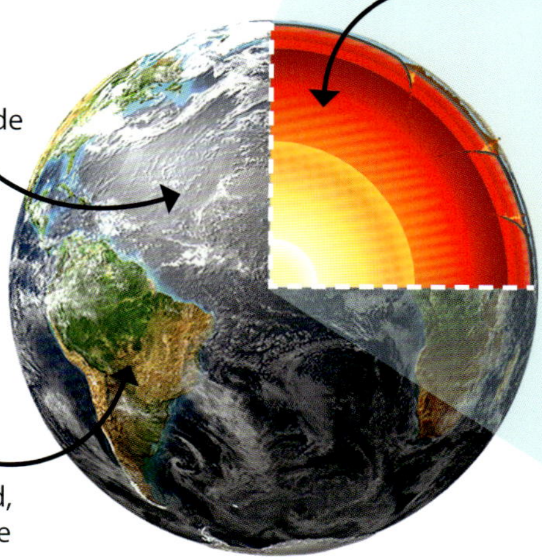

Land
Net 29% van die aarde se oppervlak is land, wat in vastelande verdeel is.

Binne en buite
Oseane en land bedek die aarde se oppervlak, maar binne-in is daar baie lae.

Ondermantel
Hierdie laag soliede rots bereik temperature van 3 000 °C. Dit is warm genoeg om die rots te smelt, maar druk van bo verhoed dat dit gebeur.

Mantelpluim
Hierdie warm wolke bestaan uit gas en gesmelte rots wat na die aarde se oppervlak opskiet.

Buitekern
Hierdie laag bestaan uit gesmelte stowwe soos yster, nikkel en swael. Dit kan tot 6 000 °C word. Terwyl die aarde om sy as draai, maal hierdie vloeibare metaal rond, wat 'n magneetveld skep.

Binnekern
In die middel van die aarde is 'n groot, soliede massa metaal – meestal yster – wat die binnekern genoem word. Dit kan temperature van tot 5 500 °C bereik, so warm soos die son se oppervlak.

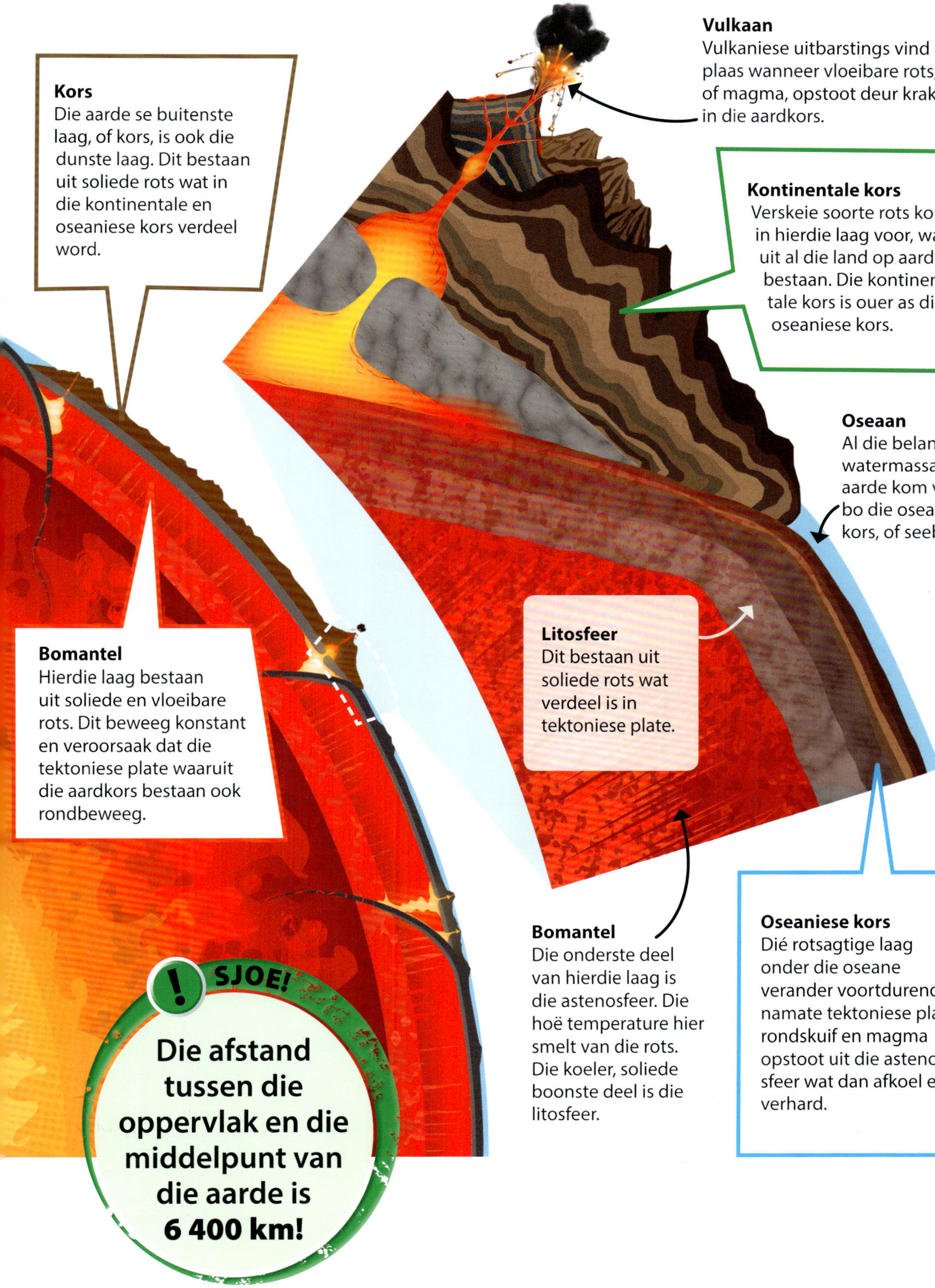

Kors
Die aarde se buitenste laag, of kors, is ook die dunste laag. Dit bestaan uit soliede rots wat in die kontinentale en oseaniese kors verdeel word.

Vulkaan
Vulkaniese uitbarstings vind plaas wanneer vloeibare rots, of magma, opstoot deur krake in die aardkors.

Kontinentale kors
Verskeie soorte rots kom in hierdie laag voor, waaruit al die land op aarde bestaan. Die kontinentale kors is ouer as die oseaniese kors.

Oseaan
Al die belangrike watermassas op aarde kom voor bo die oseaniese kors, of seebodem.

Litosfeer
Dit bestaan uit soliede rots wat verdeel is in tektoniese plate.

Bomantel
Hierdie laag bestaan uit soliede en vloeibare rots. Dit beweeg konstant en veroorsaak dat die tektoniese plate waaruit die aardkors bestaan ook rondbeweeg.

Bomantel
Die onderste deel van hierdie laag is die astenosfeer. Die hoë temperature hier smelt van die rots. Die koeler, soliede boonste deel is die litosfeer.

Oseaniese kors
Dié rotsagtige laag onder die oseane verander voortdurend namate tektoniese plate rondskuif en magma opstoot uit die astenosfeer wat dan afkoel en verhard.

! SJOE!

Die afstand tussen die oppervlak en die middelpunt van die aarde is 6 400 km!

Beweging

Die aarde se kors is in groot stukke verdeel wat tektoniese plate genoem word. Hierdie plate beweeg rond op die gesmelte rots daaronder. Die aarde se kors is onstabiel waar die kante van die plate bymekaarkom. Dit veroorsaak aardbewings of vulkaniese uitbarstings. Berge kan ook so gevorm word.

SLEUTEL

Die tektoniese plate het almal name. Die kleur van hul kantlyne dui aan watter soort grense hulle het.

Konvergent

Divergent

Passief

Plaatgrense

Dit is waar die kante van tektoniese plate bymekaarkom. Daar is drie hoofsoorte – konvergent, divergent en passief. Hulle verskil in die manier waarop die plate bymekaarkom.

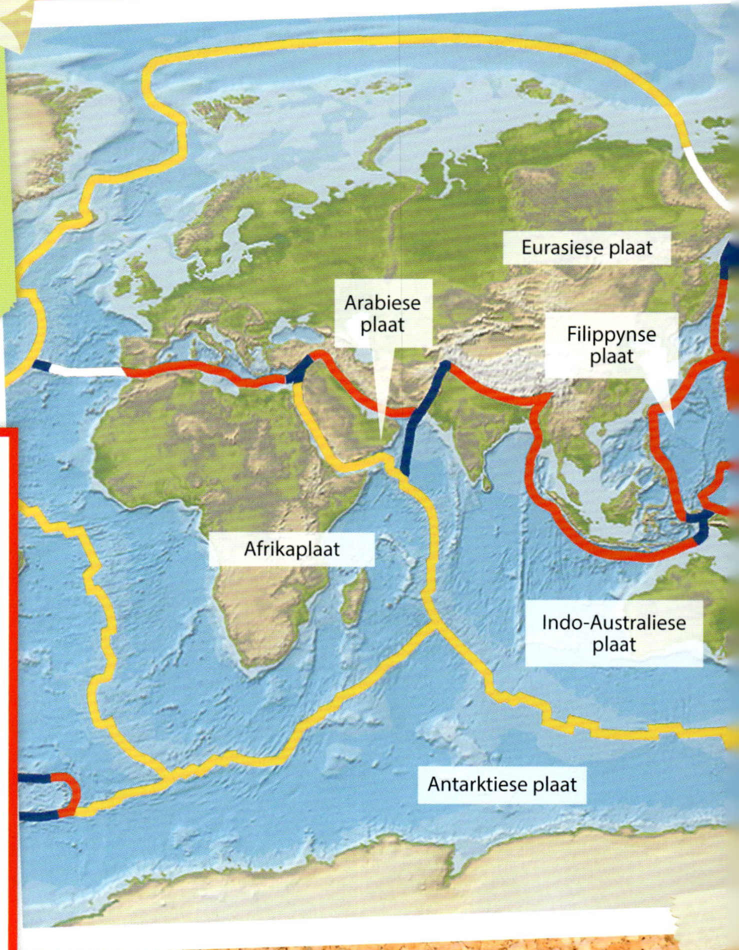

Konvergent

Twee plate beweeg na mekaar toe. As hulle teen mekaar druk, kan 'n berg vorm. As een plaat egter onder die ander inskuif, kan 'n vulkaan vorm.

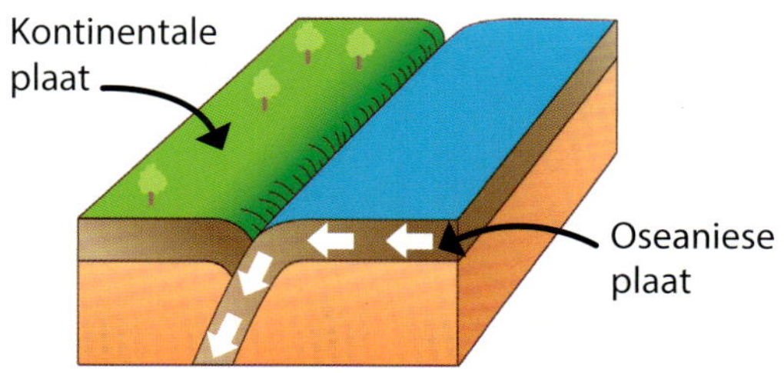

Ring van Vuur

Dié gebied in die Stille Oseaan is een van die onstabielste dele van die aardkors. Tektoniese plate beweeg baie daar rond en veroorsaak van die ergste aardbewings op aarde. Dit is ook waar die meeste aktiewe vulkane voorkom.

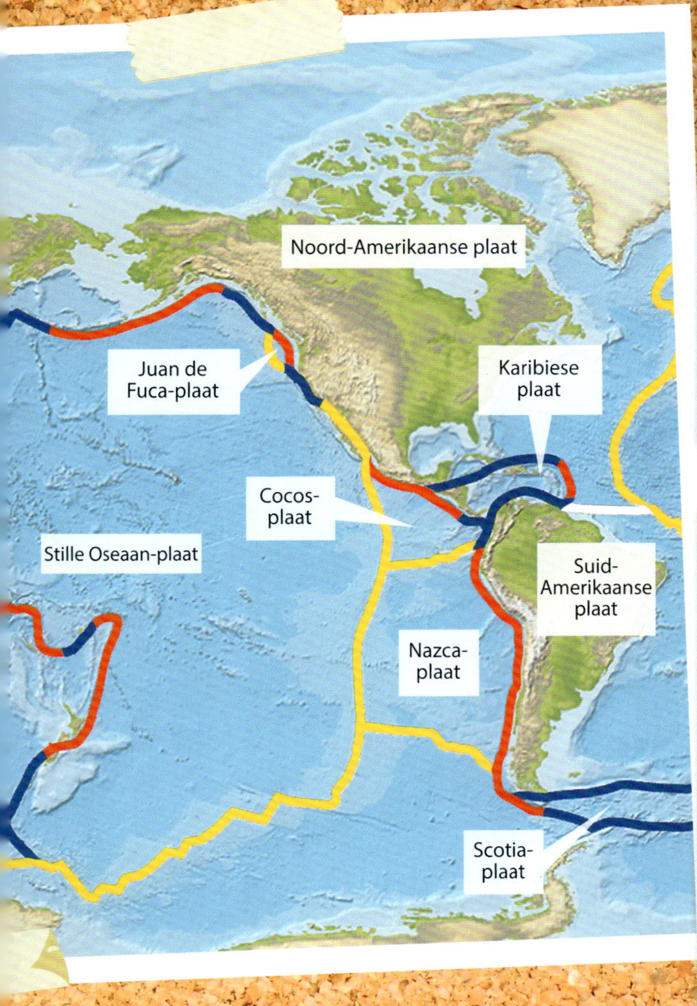

Passief

Wanneer twee plate teen mekaar verbyskuur, kan dit 'n aardbewing veroorsaak. Hulle kan verby mekaar beweeg in verskillende rigtings, of in dieselfde rigting teen 'n verskillende spoed.

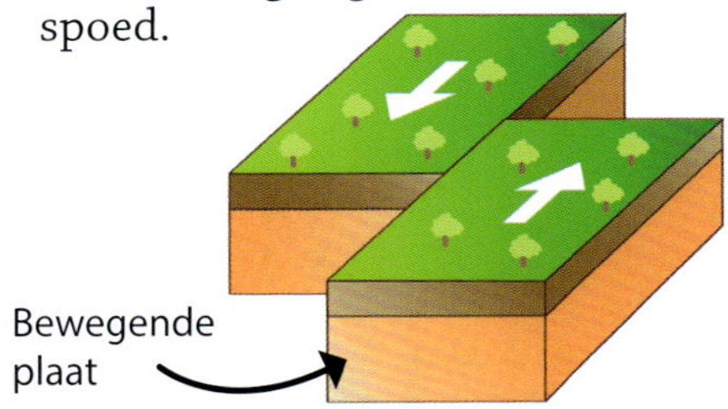

Divergent

Plate beweeg weg van mekaar en plaatstowwe vorm in die gaping tussen hulle. Wanneer dit in die oseaan gebeur, vorm nuwe seebodem.

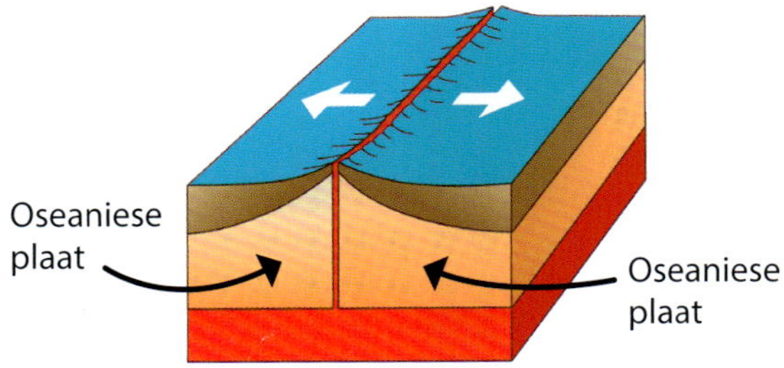

Berge

Berge word gevorm wanneer tektoniese plate teen mekaar bots. Terwyl die plate beweeg, kan magma en grond opgestoot word om berge te vorm.

Blokberge

Krake in die aarde se kors kan massiewe rotsblokke laat ontstaan, wat dan van mekaar af wegbeweeg. Terwyl hulle beweeg, kan een blok onder 'n ander een ingly, en dit dan boontoe druk. Dit laat dan groot stukke rots uitsteek hoog bokant die aarde se oppervlak. Dit is blokberge.

FEITE

- **Naam:** Sierra Nevada
- **Hoogte:** 4 418 m
- **Ligging:** VSA

Lawakoepels

Wanneer groot hoeveelhede magma onder die aardkors na die oppervlak opborrel, word rotslae bo die magma opgestoot om lawakoepels te vorm. Die binnekant van die berge is gevul met magma wat afgekoel en verhard het.

WENS JY WAS HIER ... DIE

Himalajas

FEITE

» **Naam:** Himalajas

» **Hoogte:** 8 848 m

» **Ligging:** Nepal

Plooiingsberge

Die meeste berge is plooiingsberge. Hulle word gevorm wanneer twee of meer tektoniese plate teen mekaar druk. Dit veroorsaak dat rotslae op die seebodem opfrommel en vou. Hierdie geplooide lae stoot stadig oor miljoene jare hoër op om berge te vorm.

Vulkaniese berge

'n Vulkaniese uitbarsting vind plaas wanneer magma opborrel en deur krake in die aardkors uitbars. Dit veroorsaak dat gesmelte rots, genaamd lawa, oor die grond vloei voordat dit afkoel en hard word. Verdere uitbarstings laat nog harde lae lawa opbou om 'n berg te vorm.

FEITE

» **Naam:** Puy de Dôme

» **Hoogte:** 1 465 m

» **Ligging:** Frankryk

FEITE

» **Naam:** Kilimandjaro

» **Hoogte:** 5 895 m

» **Ligging:** Tanzanië

Kilimandjaro

Vulkane

Vulkane word gevorm wanneer magma – 'n mengsel van warm gas, as en gesmelte rots – deur 'n kraak in die aardkors uitbars. Die gesmelte rots, genaamd lawa, vloei uit en verhard. Die vulkaan word al groter namate lae lawa opbou. 'n Vulkaan kan aktief, rustend of uitgewerk wees.

SJOE!

Die meeste **aktiewe** vulkane is onder die oseaan versteek!

SAAMGESTELDE VULKAAN
Die berg Foedji

Saamgestelde vulkane is hoog en keëlvormig met steil kante. Hulle bestaan uit 'n klomp lae lawa en as wat afgekoel en verhard het. Hul uitbarstings kan baie kragtig en gevaarlik wees.

Binne 'n vulkaan

Wanneer drukking in 'n vulkaan se magmakamer te hoog word, dwing dit die magma boontoe en by die hoofpyp uit. Dit word 'n uitbarsting genoem. Die krag van die uitbarsting stoot rots van die bopunt van die vulkaan af. Dit skep 'n bakvormige holte wat 'n krater genoem word. Magma bars ook soms by sypype uit wat uit die hoofpyp vertak.

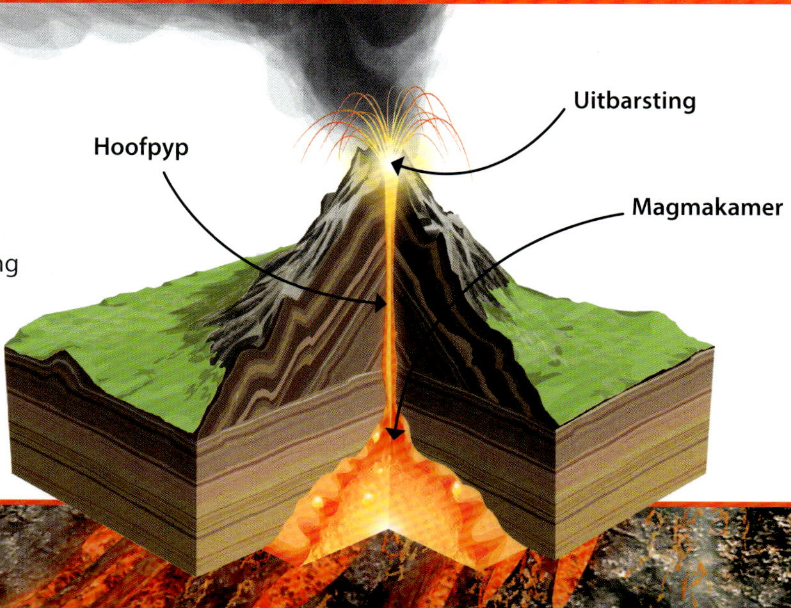

SKILDVULKAAN

Mauna Loa, Hawaii, VSA

Skildvulkane se kante loop teen 'n sagte helling en word deur dun, loperige lawa gevorm. Hul uitbarstings is nie so kragtig of gevaarlik nie. Hierdie kalm uitbarstings kan vir jare aanhou.

ASKEËL

Paricutin, Meksiko

Askeëls is die kleinste en algemeenste vulkane. Hulle is keëlvormig met steil kante. Hul uitbarstings is gewoonlik nie te hewig nie.

KALDEIRA

Ngorongoro, Tanzanië

Kaldeiras is groot, sirkelvormige holtes. Hulle vorm wanneer massiewe uitbarstings meeste van die magma uit die vulkaan dwing, wat dit laat ineenstort.

Aardbewings

Wanneer die tektoniese plate waaruit die aardkors bestaan skielik beweeg, word groot golwe energie versprei wat die grond laat skud. Dit is ’n aardbewing. Party aardbewings is so lig dat dit ongemerk gebeur, maar ander kan verskriklike verwoesting aanrig.

Wat veroorsaak aardbewings?

Die plate in die aardkors gly aanhoudend verby mekaar, maar kan soms vashaak. Drukking bou dan op totdat die plate uiteindelik weer beweeg, wat skokgolwe uitstuur. Die fokus van die aardbewing is die punt onder die grond waar die drukking opbou. Die episentrum is die punt op die oppervlak net bo die fokus.

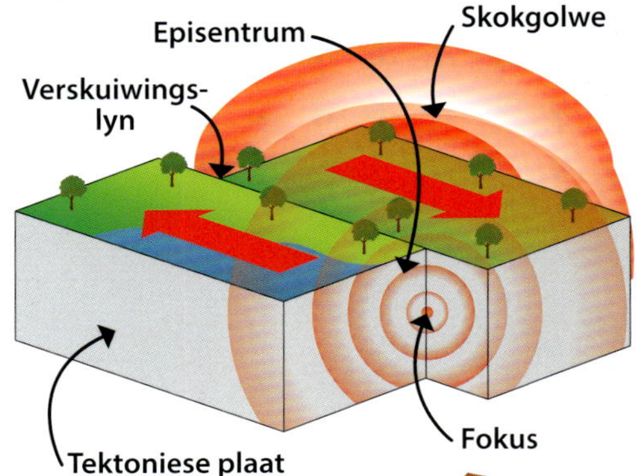

Aardsplete

’n Aardbewing kan groot splete op die aarde se oppervlak veroorsaak. Baie is klein en slegs ’n paar meter diep of breed, maar ander is so massief dat ’n hele gebou daarin kan val.

1–2

Seismograaf

Hierdie toestel word gebruik om die krag van die trillings te meet wat ’n aardbewing veroorsaak. Dit bespeur hoe sterk die trillings is op ’n genommerde skaal.

2,5–4

Ligte trillings

As ’n seismograaf aardbewings bespeur met ’n krag van 2,5-4, sal daar net ligte trillings wees. Dit veroorsaak min of geen skade, maar bome sal dalk skud en vensters ratel.

5-6

Italië 2009

In 2009 het 'n aardbewing wat 6,3 op 'n seismograaf gemeet het L'Aquila in Italië getref. Baie geboue het ineengestort en omtrent 300 mense het gesterf. Dit is opgevolg deur duisende kleiner aardbewings, wat naskokke genoem word.

Soematra 2004

Hierdie massiewe aardbewing het 'n krag van 9,3 gehad! Dit het 'n reeks groot branders veroorsaak wat tsunami's genoem word. Die branders het oor duisende kilometers in die Indiese Oseaan gestrek en 280 000 mense doodgemaak.

6,3

7,9

9,3

Bewende borde

As 'n aardbewing 'n krag van 5-6 het, sal ruite dalk kraak, en borde val en breek. Party geboue kan ernstige skade opdoen.

China 2008

In 2008 het 'n aardbewing met 'n krag van 8 die Sichuan-provinsie in China getref. Groot stukke rots het van die berge losgebreek en stede en dorpe verpletter. Trillings kon tot 1 700 km ver gevoel word.

Woestyne

Ongeveer 'n derde van die aarde se oppervlak word deur woestyne bedek. Dit is gebiede waar dit min of glad nie reën nie, en dus baie droog is. Net 'n paar soorte diere en plante kan daar oorleef. Ons dink gewoonlik dat woestyne baie warm is, maar party is baie koud.

Sahara-woestyn

Warm woestyne
Temperature styg bedags gereeld tot 50 °C of hoër in warm woestyne. Snags kan dit egter baie koud word. Die meeste warm woestyne is naby die ewenaar waar die son regdeur die jaar sterk skyn.

Atacama-woestyn

Kuswoestyne
Koue winde waai hier van die oseaan. Dit veroorsaak dik mis wat binneland toe beweeg. Waterdruppels in die mis verdamp in die warm son voordat dit reën kan word, en dus bly die grond baie droog.

SJOE!

Die grootste woestyn, die Sahara, bedek 'n kwart van Afrika!

Koue woestyne
Die grootste koue woestyne is in Sentraal-Asië se hoë, plat gebiede geleë. Soos alle woestyne is hulle baie droog, maar hulle is ook meeste van die tyd baie koud. Gedurende die lang winters kan temperature tot -40 °C daal.

Gobiwoestyn

Ross-eiland, Antarktika

Poolwoestyne
Hierdie woestyne is verskriklik koud en droog. Temperature styg selde bo 10 °C, selfs in die somer. Party is die hele jaar met sneeu en ys bedek, terwyl ander met gruis en groot klippe bedek is. Die grootste deel van Antarktika is poolwoestyne.

Die landskap

Oor 'n tydperk van duisende jare vorm die wind en weer die natuurlike landskap in woestyne. Dit sluit heuwels, berge, diep klowe (nou valleie met steil kante), vlaktes (plat gebiede), sandduine, rotsformasies en oases in.

Sandduine
Hierdie bulte word gevorm deur die wind wat oor die woestynsand waai wat dit laat ophoop.

Oase
Die seldsame voorkoms van ondergrondse water kan waterpoele laat ontstaan en plante begin dan daaromheen groei.

Mesas en spitskoppe
Sand en gruis wat deur die wind aangedra word, laat rotse verweer om hierdie steil tafelkoppe te skep.

Water

Water is noodsaaklik vir alle lewe op aarde. Daarsonder sal plante en diere nie oorleef nie. Ongeveer 71% van die aarde is bedek met water. Dit sluit vars en soutwater in. Ons kan nie al hierdie water maklik bekom of gebruik nie.

SJOE!

Tussen 50% en 65% van jou lyf bestaan uit water!

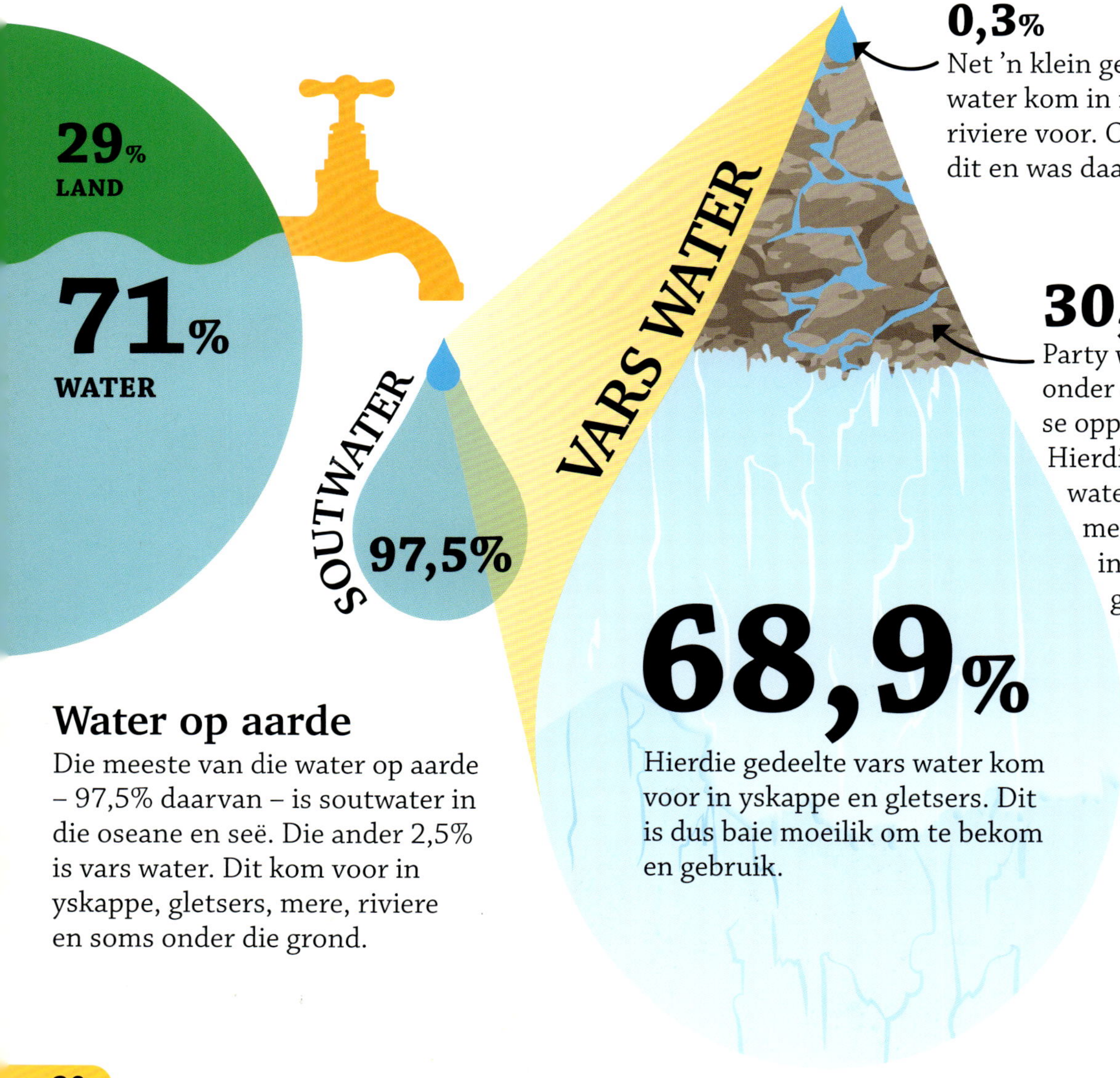

0,3%
Net 'n klein gedeelte vars water kom in mere en riviere voor. Ons drink dit en was daarmee.

30,8%
Party water kom onder die aarde se oppervlak voor. Hierdie grondwater vloei in mere en riviere in, en ons gebruik dit dus ook in ons daaglikse lewens.

68,9%
Hierdie gedeelte vars water kom voor in yskappe en gletsers. Dit is dus baie moeilik om te bekom en gebruik.

Water op aarde

Die meeste van die water op aarde – 97,5% daarvan – is soutwater in die oseane en seë. Die ander 2,5% is vars water. Dit kom voor in yskappe, gletsers, mere, riviere en soms onder die grond.

Die watersiklus

Water beweeg voortdurend van een plek na 'n ander. Hierdie proses word die watersiklus genoem. Dit is 'n konstante beweging van water tussen die land, atmosfeer en oseaan.

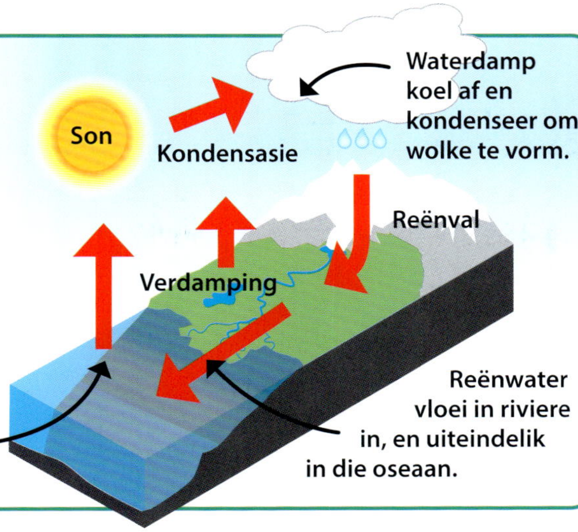

Hoe ons water gebruik

Ons gebruik groot hoeveelhede water. Ons drink dit, was daarmee, gebruik dit in fabrieke, en berei kos daarmee. Die persentasies onder dui aan hoeveel water elke mens daagliks gebruik.

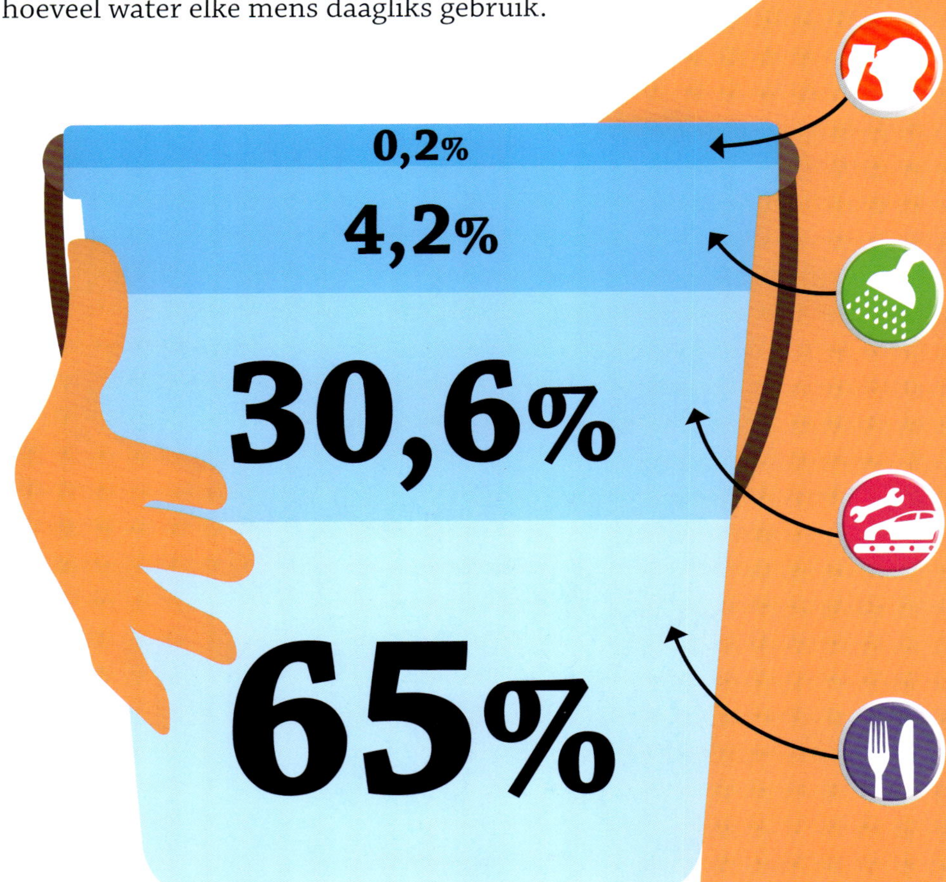

Drinkwater
Net 'n klein hoeveelheid water word daagliks as drinkwater gebruik.

Persoonlik
Om te was, tande te borsel en die toilet te spoel gebruik soveel water.

Fabrieksgoedere
Bykans 'n derde van elke mens se kwota word daagliks gebruik om dinge soos televisies en fone te vervaardig.

Kosproduksie
Dit gebruik die meeste water. Water is 'n belangrike deel van ons dieet. Daarsonder sal ons liggame nie funksioneer nie!

Oseane

Ongeveer 71% van die aarde se oppervlak bestaan uit oseane. Baie interessante verskynsels kom in en naby die oseane voor, en groot hoeveelhede diere en plante woon in hierdie waterwêreld.

Groenseeskilpad

Vulkaniese eilande
Hierdie eilande bestaan uit lae magma van vulkane wat onder die water uitbars en dan afkoel en verhard. Die lae magma bou uiteindelik op om 'n eiland te skep.

Nishinoshima- vulkaniese eiland, Japan

Ope see
Dit is die boonste laag van die oseaan naby die oppervlak. Dit is 'n eindelose watervlak. Hoewel kos soms skaars is, leef baie diere soos dolfyne, robbe en waterskilpaaie daar.

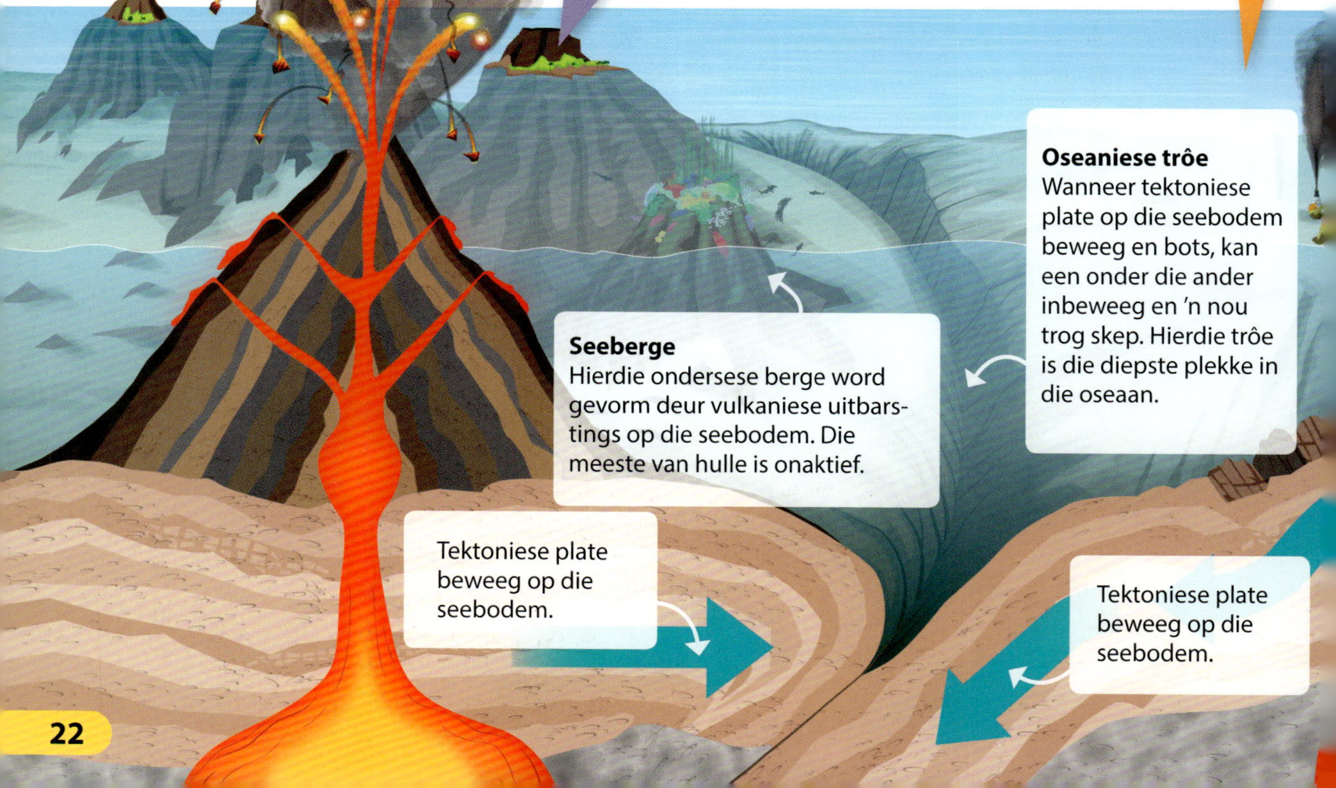

Oseaniese trôe
Wanneer tektoniese plate op die seebodem beweeg en bots, kan een onder die ander inbeweeg en 'n nou trog skep. Hierdie trôe is die diepste plekke in die oseaan.

Seeberge
Hierdie ondersese berge word gevorm deur vulkaniese uitbarstings op die seebodem. Die meeste van hulle is onaktief.

Tektoniese plate beweeg op die seebodem.

Tektoniese plate beweeg op die seebodem.

Mupe-baai, Dorset, Engeland

Rotspoele
Wanneer die gety afloop op 'n rotsagtige strand, bly poele water in die rotsholtes agter. Dit skep 'n tuiste vir verskeie diere en plante, soos skulpvis en see-anemone.

Groot Koraalrif, Australië

Koraalriwwe
Dit bestaan uit die skelette van klein seediertjies wat koraalpoliepe genoem word. Die skelette bou op om groot riwwe te vorm waar plante en ander seediere leef.

Oseaniese rûe
Bewegende tektoniese plate kan ook berge onder die water skep. Die Middel-Atlantiese Rug onder die Atlantiese Oseaan is langer as 64 000 km.

Hidrotermiese blaasgate
Wanneer seewater in krake in die aardkors filtreer, word dit deur vulkaniese aktiwiteit verhit. Warm water spuit dan deur die krake of blaasgate uit.

! SJOE!

Amper 95% van die oseane is steeds onbekend aan ons!

Riviere

Riviere is natuurlike kanale vars water wat oor die aarde se oppervlak vloei. Alle riviere begin in berge of heuwels en vloei af na die see, oseaan of ander groot watermassas. Hulle kan kort of honderde kilometers lank wees.

Bron
Dit is waar 'n rivier hoog bo in die berge begin. Die bron kan een of meer fonteine wees, of selfs 'n gletser wat smelt.

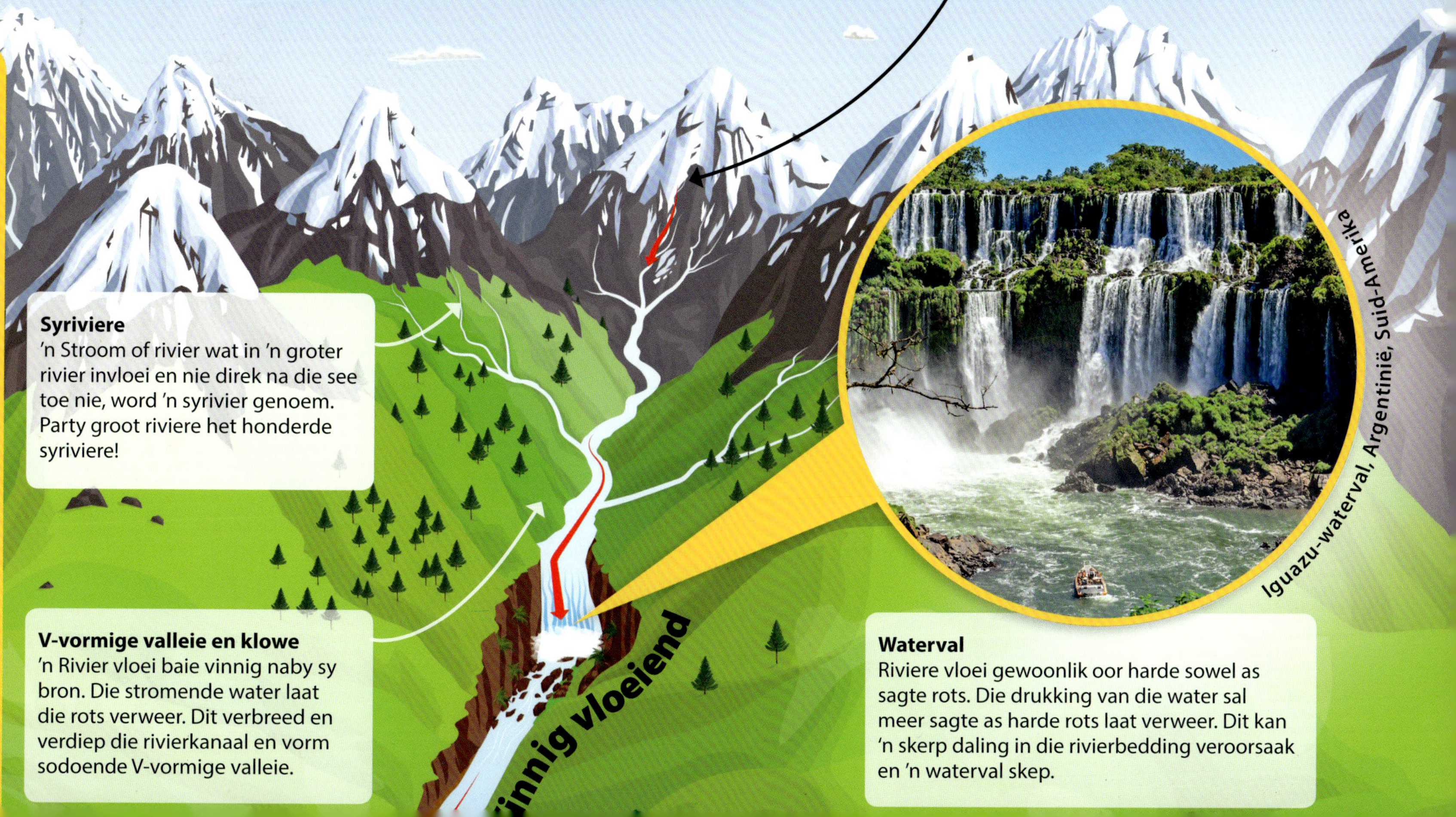

Iguazu-waterval, Argentinië, Suid-Amerika

Syriviere
'n Stroom of rivier wat in 'n groter rivier invloei en nie direk na die see toe nie, word 'n syrivier genoem. Party groot riviere het honderde syriviere!

V-vormige valleie en klowe
'n Rivier vloei baie vinnig naby sy bron. Die stromende water laat die rots verweer. Dit verbreed en verdiep die rivierkanaal en vorm sodoende V-vormige valleie.

Waterval
Riviere vloei gewoonlik oor harde sowel as sagte rots. Die drukking van die water sal meer sagte as harde rots laat verweer. Dit kan 'n skerp daling in die rivierbedding veroorsaak en 'n waterval skep.

MIDDELLOOP

Rivierkronkels
'n Kronkel is 'n buiging of boog in 'n rivier. Dit word gevorm as watervloei die grond aan een kant verweer en dan die gebreekte rots aan die ander kant laat neerstort wat die grond daar vermeerder.

Vrugbare vloedvlaktes
Vloedvlaktes is plat dele langs 'n rivier. Riviere kan vir verskeie redes te vol raak. Dit stroom dan oor op die vloedvlaktes. Grond hier is gewoonlik baie vrugbaar.

ONDERLOOP

Estuarium
Naby die see meng vars water met soutwater wat 'n estuarium skep. Die grond is gelyker hier en die rivier vloei stadiger. As dit stadig genoeg vloei, vorm 'n modderafsetsel wat 'n delta skep met verskeie kanale waardeur die rivier vloei.

Riviermonding
Dit is waar 'n rivier se reis eindig en dit uiteindelik in die see, oseaan of ander groot watermassa soos 'n meer invloei.

Gletsers

'n Gletser is 'n groot rivier van ys wat gevorm word wanneer dik lae sneeu bo-op mekaar val en saamgepers word. Die meeste gletsers word hoog in die berge gevorm waar dit so koud is dat die sneeu nooit smelt nie. Hulle kom regoor die wêreld voor, gewoonlik in pool- en bergstreke.

DELE VAN 'N GLETSER

A **Kare** is diep holtes naby die bokant van 'n gletser. Dit vorm as die gletser oor 'n area beweeg en die rots verweer.

B **Versamelsones** kom voor aan die bokant van gletsers waar die sneeuval opgehoop het, gewoonlik oor honderde jare.

C **Dalgletsers** vloei deur valleie met steil kante. Hulle laat mettertyd die kante verweer en maak dit meer gerond.

D **Kantmorene** is lang riwwe rots, grond en modder wat aan die kante van 'n bewegende gletser agtergelaat word.

E **Middelmorene** is hope rots, grond en modder wat agtergelaat word waar twee gletsers bymekaarkom.

Gletserpoort

Die gletserpoort is die onderste gedeelte van 'n gletser. Party gletsers eindig baie laag teen 'n berg waar die ys smelt om mere en strome te vorm. Ander bereik die kus waar groot stukke in die see afbreek en ysberge vorm. Dit word kalwing genoem.

Perito Moreno-gletser, Argentinië

Erosie

Erosie is die verwering van rots en ander stowwe op die aarde se oppervlak deur natuurlike kragte soos bewegende gletsers, vloeiende riviere of die wind. Die verweerde materiaal word weggedra en elders neergesit.

Verspoeling
Dit word deur reënval of vloeiende water veroorsaak. Riviere kan byvoorbeeld enige gebied waaroor dit vloei, wegslyt en die omliggende omgewing verander.

Winderosie
Sterk winde kan stukke rots verwyder en dit wegdra. Winderosie is algemeen in woestyne.

Gletsererosie
Terwyl 'n gletser beweeg, slyt dit die grond daaronder weg en sleur die afgebreekte stowwe saam.

Kuserosie
Klotsende golwe laat kranse se rots geleidelik verweer en voer dele van die strand weg.

Biologiese verwering
Dit vind plaas wanneer plante of diere veroorsaak dat rotse opbreek. Wortels van plante groei dikwels in smal klipskeure en kloof dit oop. 'n Dier wat grawe, kan ook rotse laat opbreek.

Verwering

Verwering vind plaas wanneer rotse verswak, kraak en in kleiner dele opbreek. Hierdie natuurlike proses kan deur reënval, verandering in temperatuur of selfs deur plante wat groei, veroorsaak word. Daar is drie soorte verwering – biologies, chemies en meganies.

Chemiese verwering
Chemiese reaksies kan rots laat opbreek. Suurreën kan byvoorbeeld standbeelde en geboue se stene vernietig.

Meganiese verwering
Wind, water en temperature verander verswakte rots. As water in krake vries, sit dit uit en kan dit die rots oopskeur.

! SJOE!

Die **Grand Canyon** in Noord-Amerika is deur **verspoeling** gevorm!

Grotte

Grotte is ondergrondse ruimtes of holtes wat groot genoeg is vir 'n mens om binne te gaan. Hulle word op verskeie maniere gevorm, maar meesal omdat die rots in die aarde se oppervlak verweer of verkrummel. Grotte het gewoonlik allerhande interessante en opwindende dinge om te ondersoek.

Stalagmiete
Water wat in grotte afdrup, laat klein rotsdeeltjies agter wat daarin opgelos is. As die gedrup aanhou, kan hierdie deeltjies opbou om 'n rotspilaar, of stalagmiet, te vorm.

Kalksteengrotte
Dié grotte kom die algemeenste voor. Hulle word gevorm wanneer 'n opbou van suurreën die omringende rots oplos. Gate en tonnels verskyn wat al groter word namate meer rots oplos en wegspoel.

Soorte grotte

Grotte word oral op ons planeet aangetref. Party is klein enkelruimtes, maar ander bevat baie kamers wat met tonnels verbind is en 'n groot doolhof skep. Hoewel meeste grotte in rots voorkom, kan dit ook in ys of lawa vorm.

Thurston-grot, Hawaii, VSA

Lawagrotte
Wanneer lawa stadig op die grond rondom 'n vulkaan vloei, kan dit op die oppervlak verhard terwyl vloeiende lawa steeds daaronder beweeg. Hierdie lawa dreineer en laat 'n hol buis agter wat 'n grot vorm.

Stalaktiete
Stalaktiete hang soos yskeëls af. Hulle word op dieselfde manier as stalagmiete gevorm. Rotsdeeltjies los op in water, maar hang van die grot se dak af.

"Strooitjies"
Hierdie dun, hol buisies word ook gevorm deur deeltjies wat in water opgelos is wat stadig deur die grot se dak drup. Hulle kan in stalaktiete verander as die water vir 'n baie lang tyd aanhou drup.

Pilare
As stalagmiete en stalaktiete lank genoeg word en bymekaar uitkom, vorm 'n rotspilaar. Pilare word ook gevorm wanneer stalagmiete tot by die grond groei.

Skaftafell-grot, Ysland

Benagil-grot, Portugal

Ysgrotte
Ys bo-op 'n gletser kan 'n stroom of waterval vorm wat deur die gletser vloei. Die vloeiende water sal uiteindelik 'n deel van die gletser uithol en 'n ysgrot vorm.

Seegrotte
Dit word gevorm deur branders wat voortdurend teen die kranse langs die kus klots. Dit veroorsaak barste in die kranse wat al groter word namate die klotsende branders die rots laat verweer.

Rekordhouers

Daar is asemrowende natuurwonders op ons planeet. Party is miljoene jare oud. Hier is vyf van die aarde se rekordhouers – van toringhoë berge tot ondergrondse grotte.

HOOGSTE

Everest, Nepal

Die berg Everest se piek is 8 848 m bo seespieël. Dit is die hoogste berg ter wêreld. Dit is tien keer hoër as die hoogste gebou – die Burj Khalifa-wolkekrabber in Dubai.

LANGSTE

Nylrivier, Afrika

Die Nyl is 6 825 km lank – die langste rivier ter wêreld. Dit vloei deur elf Afrikalande, vanaf Burundi tot Egipte, waar dit in die Middellandse See uitloop.

Krubera-grot, Georgië

Die diepste grot ter wêreld is in Asië. Dit strek 2 197 m ondertoe – amper so diep soos sewe Eiffeltorings op mekaar. Die Russe noem die grot Voronya wat "kraai-grot" beteken, omdat baie kraaie by die ingang nesmaak.

DIEPSTE

DROOGSTE

Atacama-woestyn, Chili

Hierdie Suid-Amerikaanse woestyn wat oor 1 000 km strek, is een van die droogste plekke op aarde. Daar is in sommige dele geen reën aangeteken die afgelope 400 jaar nie!

HOOGSTE

Angel-waterval, Venezuela

Die pragtige Angel-waterval is die hoogste waterval ter wêreld. Dit is 979 m hoog, meer as twee keer hoër as die Empire State-gebou in New York. Die Amerikaanse vlieënier Jimmy Angel het die waterval in 1933 vir die eerste keer uit die lug gesien.

Biome

Die aarde kan in verskillende soorte landskappe verdeel word. Hierdie gebiede word biome genoem. Elke bioom skep 'n tuiste vir sekere plante en diere wat aangepas is by die toestande wat daar voorkom.

BERGE

Berge is hoë plekke met 'n winderige, koue klimaat. Dit word al kouer hoe hoër 'n mens gaan, dus word verskillende plante en diere op verskillende hoogtes aangetref.

Woestyne

Woestyne is baie droog omdat daar min of geen reënval is nie. Hulle kan baie warm of baie koud wees. Die plante en diere wat daar woon, het aangepas om in sulke uiterste toestande te oorleef.

Moeraslande

Moeraslande is hoofsaaklik oorstroom met water. Dit kan soutwater, vars water of 'n mengsel van albei bevat. Moerasse, vleie en deltas is alles moeraslande. Baie voëls aard goed hier.

Reënwoude

Reënwoude kry baie reën. Die meeste kry ook baie sonlig en is die hele jaar warm. Baie plante en diere kom hier voor. Die grootste reënwoud is die tropiese Amasone in Suid-Amerika.

Loofbosse

Die temperature en reënval in loofbosse verander volgens die seisoene. In die herfs en winter verander die meeste bome van kleur en verloor hul blare.

TOENDRAS

Toendras is gewoonlik baie koud en winderig met min reën. Die grond is gewoonlik met sneeu bedek. Min plante en diere kan dus hier oorleef.

Naaldbosse

Die winters in hierdie woude is lank, koud en sneeuagtig. Die somers is kort en warm. Bome hier is aangepas by die strawwe klimaat. Hulle is meesal immergroen, wat beteken dat hulle die hele jaar groen bly.

GRASVELDE

Grasvelde kry min reënval. Net gras en 'n paar klein bome en bossies kan in hierdie droë plekke oorleef. Baie diere, soos sebras en olifante, aard egter goed hier.

Poolstreke

Dit is die koudste biome op aarde. Die yskoue klimaat maak dit moeilik vir plante om te oorleef. Diere soos ysbere, pikkewyne en robbe het egter goed hier aangepas.

Bewaring

Ons moet die aarde en sy hulpbronne bewaar en oppas – die lug, water, grond, plante en diere waarop ons staatmaak. Dit is die doel van bewaring.

BEGIN

Leer oor bewaring!

Speel hierdie speletjie om uit te vind wat ons planeet kan bewaar of beskadig. Kry 'n dobbelsteen en begin!

1 Los kraan oop. Mis 'n beurt!
Water is kosbaar. Dit is noodsaaklik vir lewe, so moet dit nooit mors nie.

2

3 Herwin papier. Skuif 3 plekke vorentoe!
As jy afvalpapier gebruik en produkte gemaak van herwinde papier koop, sal minder bome afgekap word om nog papier te maak.

4 Ry na iemand se huis toe. Mis 'n beurt!
Skadelike gasse van motors besoedel die lug. Loop of ry eerder fiets.

5

6 Geen herwinning. Mis 'n beurt!
Jy stuur te veel rommel ashoop toe! Dit kan die grond, water en atmosfeer beskadig.

7

8 Windkragaanleg. Skuif 2 plekke vorentoe!
Dit skep energie. Wind is 'n hernubare bron van energie, en die gebruik daarvan beskadig nie die omgewing nie.

9

Hoe word die aarde aangetas?

Wanneer ons nie hulpbronne bewaar nie word die aarde op verskeie maniere aangetas.

Energie
Natuurlike brandstowwe soos gas en steenkool word te vinnig opgebruik en kan nie vervang word nie.

Besoedeling
Afvalgasse in die atmosfeer vang die son se hitte vas en laat die aarde al warmer word.

Water
Hoë temperature en lae reënval veroorsaak droogtes.

Kos
Droogtes en grondbesoedeling kan oeste beskadig en veroorsaak dat daar te min kos is.

Woude
As bome afgekap word, verloor diere en plante hul habitat.

Rommel
Rommel besoedel die omgewing. En as ons hulpbronne vermors, sal dit opraak!

10 Fabrieksafval besoedel rivier. Mis 'n beurt!
Dit benadeel plante en diere wat in en om riviere bly.

11

12

13 Voëlreservate. Skuif 1 plek vorentoe!
'n Voëlreservaat is 'n veilige habitat vir voëls en ander diere.

14

15 Vernietig woude. Mis 'n beurt!
Diere en plante wat afhanklik is van woude kan doodgaan.

16

17

18 Ry fiets skool toe. Skuif 2 plekke vorentoe!
Fietse besoedel nie die atmosfeer soos motors nie.

19

20

21 Strooi rommel. Mis 'n beurt!
Rommel kan die grond, plante, diere en mense benadeel.

22

23 Plant bome. Skuif 1 plek vorentoe!
Bome verwyder afvalgasse uit die lug.

24

25 Los ligte aan. Mis 'n beurt!
Elektrisiteit word meesal opgewek deur bronne wat nie hernu kan word nie.

26 Kweek vrugte en groente. Skuif tot by die einde!
Om self kos te plant, bespaar kostes om dit by die winkels te kry.

27

Jy is 'n bewaringskenner!

Geluk! Jy weet nou hoe om die aarde 'n gesonde en gelukkige plek te maak. Vertel jou familie en vriende sodat hulle ook kan help.

EINDE

Die weer

Sonlig, wolke, wind, reën, ryp en sneeu is van die weerstoestande wat op aarde voorkom. Die son speel 'n groot rol in weersveranderinge.

SJOE!

Groot reëndruppels kan aarde toe val teen 32 km/h!

Uiterste weerstoestande

Ons verwys na uiterste weerstoestande as dit baie anders is as normaalweg. Dit kan skielik sonder waarskuwing verskyn en vir ure of dae aanhou en verwoesting saai. Vloede, hittegolwe, sneeustorms, orkane en tornado's is voorbeelde van uiterste weerstoestande.

Orkaan Felix, Honduras

Seisoene en klimaat

Die aarde wentel binne 'n jaar om die son en terselfdertyd om sy eie as, 'n denkbeeldige lyn tussen die pole. Dit beteken dat die hoeveelheid sonlig op verskillende plekke deur die jaar wissel en seisoene volgens die weer skep – lente, somer, herfs en winter.

Hoe seisoene verander

Die aarde is gekantel op sy as terwyl dit om die son wentel. Dit veroorsaak dat een helfte, of halfrond, van die aarde na die son toe oorhel, en die ander helfte nie. In die halfrond wat na die son toe oorhel, is dit somer. In die ander halfrond is dit winter.

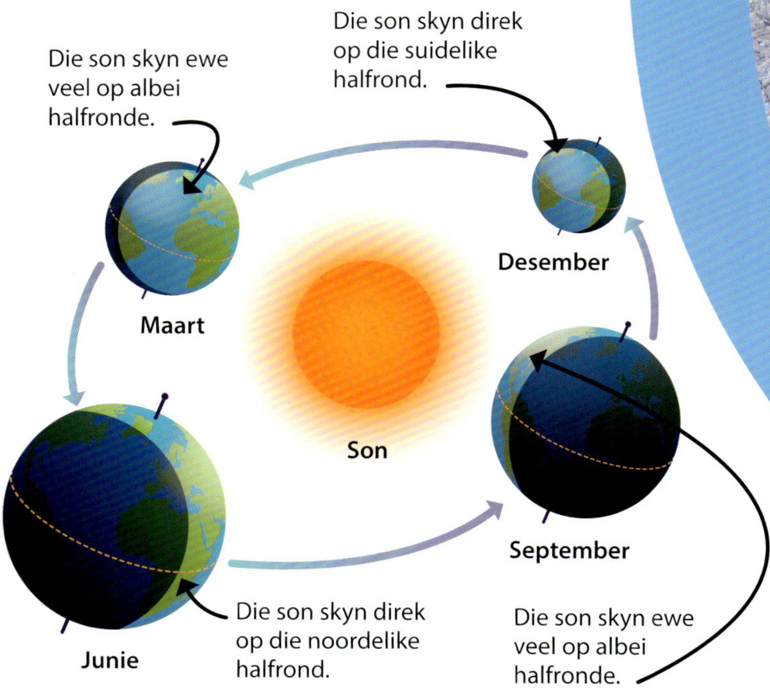

Somer is die warmste seisoen. Die dae word langer en die nagte korter. Plante groei welig in die warm sonlig. Daar is baie groen blare aan die bome.

Dit is die tyd wanneer somer stadigaan winter word. Temperature word koeler. Blare word oranje en bruin en val van die bome af.

Klimaat

Die klimaat van 'n gebied verwys na die weer wat gewoonlik daar voorkom. Dit sluit die hoeveelheid reënval en ure sonlig in, en ook die hoogste, laagste en gemiddelde temperature.

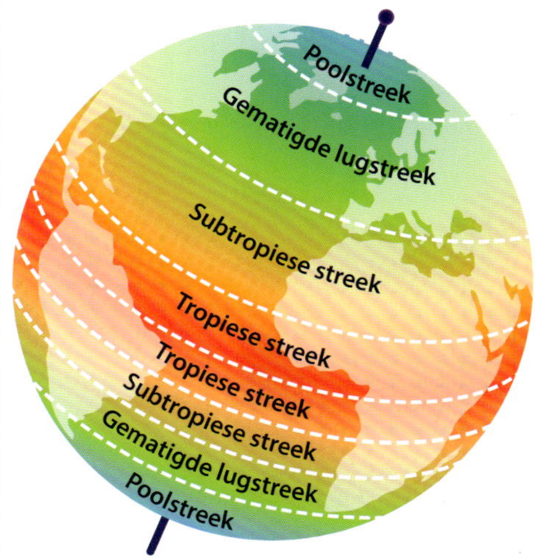

Tropiese streek Die gebied is die hele jaar baie warm en vogtig. Dit reën baie en donderstorms is algemeen.

Subtropiese streek Somers hier is lank, droog en warm. Winters is nat, maar gewoonlik kort en gematig.

Gematigde lugstreek Uiterste weerstoestande kom selde hier voor. Somers is warm en winters koud, maar nie yskoud nie.

Poolstreek Hier is dit die hele jaar yskoud en droog. Winters is lank en donker, terwyl die son amper heeltyd in die somer skyn.

Klimaatsverandering

Die aarde se klimaat het nog altyd mettertyd op natuurlike wyse verander. Nou verander die klimaat egter vinniger as tevore! Baie veranderinge in die klimaat word tans deur ons moderne leefwyse veroorsaak. Die aarde word warmer en dit kan ’n groot uitwerking op die omgewing hê.

Oorsake

Mense is waarskynlik verantwoordelik vir die meeste onlangse klimaatsveranderinge. Afvalgasse bou weens nywerhede, vervoer en ontbossing in die atmosfeer op. Dit vang nog meer hitte in die atmosfeer vas wat die temperature laat styg.

Nywerheid

Wanneer ons olie, steenkool of natuurlike gasse verbrand, word afvalgasse in die atmosfeer vrygestel.

Vervoer

Ons gebruik gereeld motors, busse en vliegtuie. Dit vul die lug met afvalgasse.

Ontbossing

Bome help om gasse uit die lug te verwyder. Hoe meer bome afgekap word, hoe meer afvalgasse bly daar in die lug.

Hoe kan ons help?

Daar is baie maniere waarop jy kan help om klimaatsverandering te vertraag. Jy verminder die afvalgasse in die atmosfeer deur jou TV, rekenaar en ligte af te skakel as jy dit nie gebruik nie, of deur fiets te ry skool toe.

Hernubare energie

Gebruik meer energie van hulpbronne waarvan daar baie is, soos sonlig, wind en branders.

Groen vervoer

Vermy vervoer wat afvalgasse in die atmosfeer vrystel. Stap of ry eerder fiets wanneer jy kan.

Gevolge

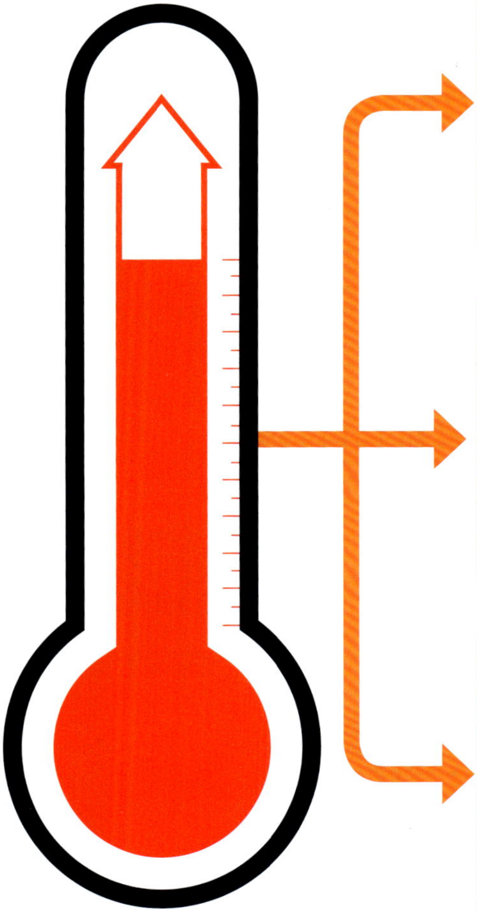

Uiterste weer

Hittegolwe, droogtes, swaar reën en vloede kom al hoe meer voor omdat die aarde se atmosfeer al warmer word.

Stygende seevlak

Hoër temperature laat gletsers en yskappe smelt. Hierdie water vloei in die see in. Dit laat seevlakke styg en gebiede naby die kus oorstroom.

Verandering van habitatte

Baie diere woon op spesifieke plekke, soos die see-ys of koraalriwwe. Warmer temperature kan dit vernietig, en die diere sal hulle habitat verloor.

3 Herwin

Herwin plastiek, glas en papier. Dit verminder die hoeveelheid rommel wat stortingsterreine toe gaan.

4 Spaar elektrisiteit

Skakel jou TV, rekenaar en ligte af wanneer jy dit nie gebruik nie.

5 Kweek jou eie kos

As jy self kos kweek, verminder dit die brandstof wat gebruik word om kos na supermarkte te vervoer.

Grond

Grond is die laag krummelrige stowwe tussen die oppervlak en die soliede rots onder die grond. Niks kan daarsonder op aarde groei nie, maar grond verskil van plek tot plek.

Grasveld

Die grond hier is gewoonlik diep en vol voedingstowwe. Dit is omdat verrottende graswortels help om die grond bymekaar te hou en voedingstowwe vir plante byvoeg. Plante ding mee om water.

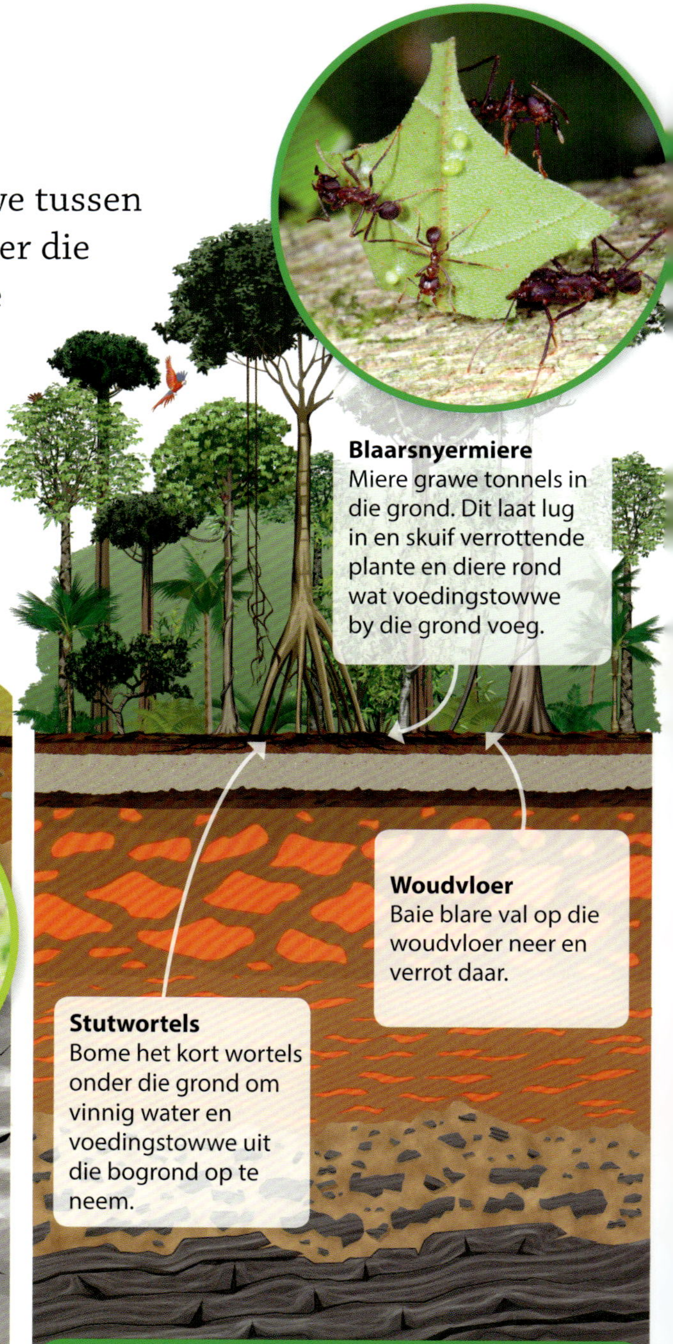

Tropiese reënwoud

Die grond is vreeslik nat. Baie plante groei hier met baie humus om voedingstowwe by die grond te voeg. Die voedingstowwe word egter gou deur die aanhoudende reën weggespoel en laat vlak, suur grond agter.

Bodemprofiele

Grond bestaan uit gebreekte rots, minerale, verrottende plante en diere, klein diertjies, gasse en water. Daar is verskeie lae in die grond waarvan die diepte verskil in verskillende soorte grond.

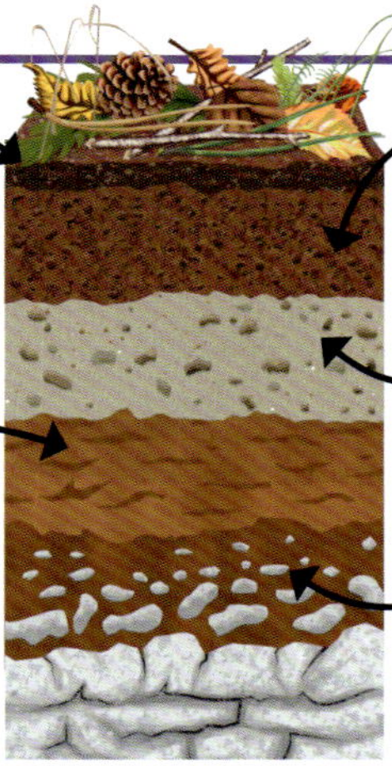

Humus
Dooie plante en diere verrot en voeg voedingstowwe by die grond.

Ondergrond
Hierdie klam laag bevat klei en minerale van verweerde rots.

Bogrond
Hierdie donker laag is vol klein diertjies en voedingstowwe wat plante gebruik om te groei.

Uitlogingslaag
Water drup deur hierdie laag en laat sand en slik agter.

Verweerde rots
Groot klippe word afgebreek uit die rotsbodem daaronder.

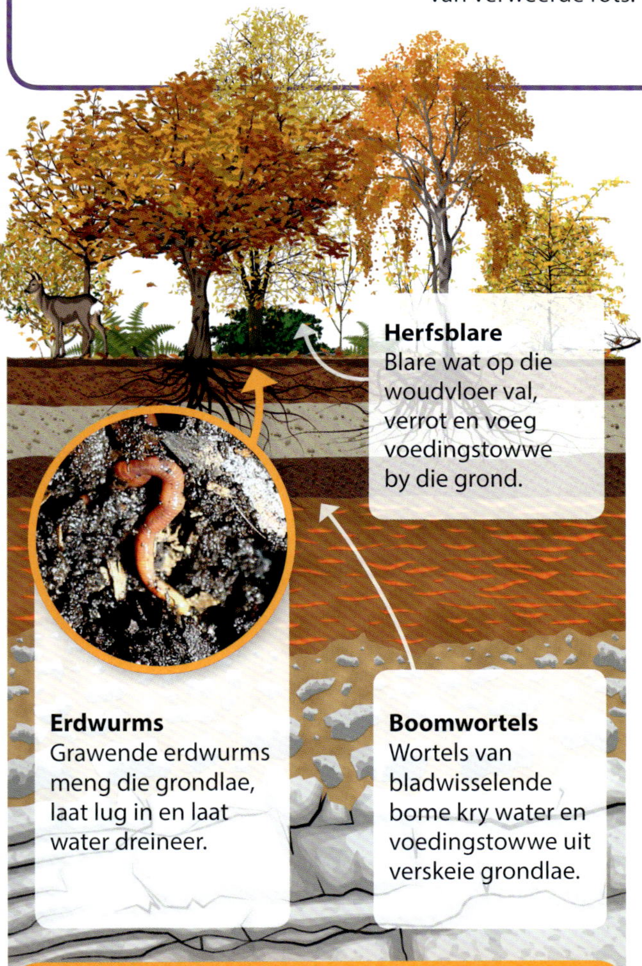

Herfsblare
Blare wat op die woudvloer val, verrot en voeg voedingstowwe by die grond.

Erdwurms
Grawende erdwurms meng die grondlae, laat lug in en laat water dreineer.

Boomwortels
Wortels van bladwisselende bome kry water en voedingstowwe uit verskeie grondlae.

Gematigde loofbos

Die grond is klam en vol voedingstowwe van verrottende plante en diere, veral in die herfs. Plante se diep wortels breek die rotsbodem op wat minerale byvoeg. Water dreineer gewoonlik voortdurend.

Kaktus
Kaktusse het vlak wortels en dik stamme sodat hulle water kan opneem en berg.

Diep wortels
Woestynbome het baie lang wortels om water diep onder die grond op te neem.

Springmuis
Wanneer hulle grawe, breek diere groot rotse af, dolwe die grond om en laat lug daarin.

Woestyne

Omdat die grond baie droog is en min plante hier groei, is daar baie min humus. Die grond hier bestaan uit rotse, klippies en sand wat deur die wind rondgewaai word. Water dreineer vinnig deur die sand.

Rotssiklus

Rots gaan mettertyd deur baie veranderinge. Dit word deur verskeie prosesse veroorsaak, soos verhitting, afkoeling en verwering. Die reeks veranderinge word die rotssiklus genoem.

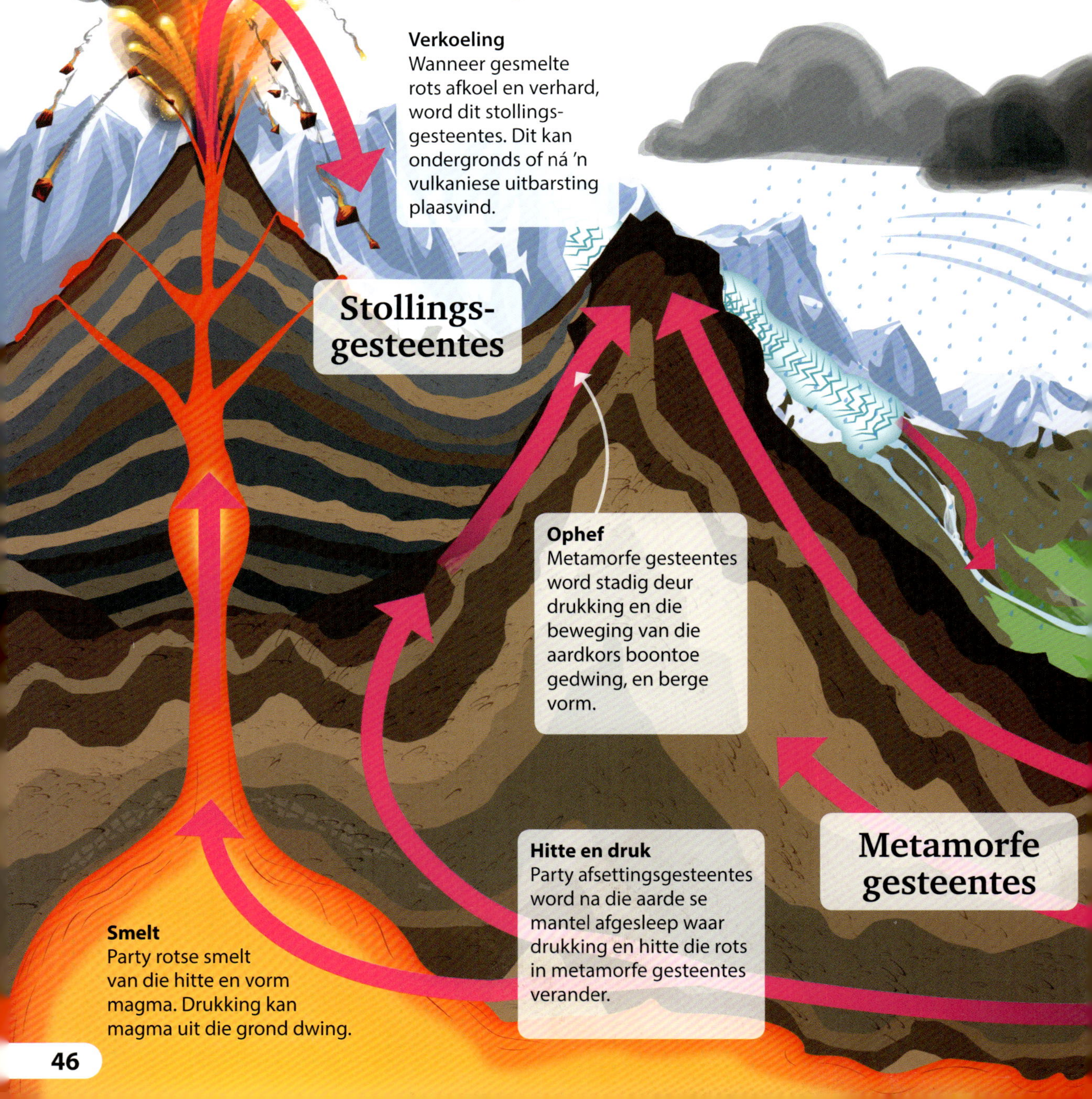

Soorte rots

Daar is drie soorte rots: stollingsgesteentes, afsettingsgesteentes en metamorfe gesteentes. Hoe rotse gevorm word, bepaal in watter een van die groepe dit verdeel word.

Stollingsgesteentes
Stollingsgesteentes sluit basalt (sien bo) en graniet in. Dit word deur vulkaniese uitbarstings gevorm.

Afsettingsgesteentes
Afsettingsgesteentes sluit sandsteen (sien bo), kryt en kalksteen in. Dit word in lae van klein stukkies rots gevorm.

Metamorfe gesteentes
Metamorfe gesteentes sluit marmer, leisteen en leiaarde in. Dit word deur drukking en hitte gevorm.

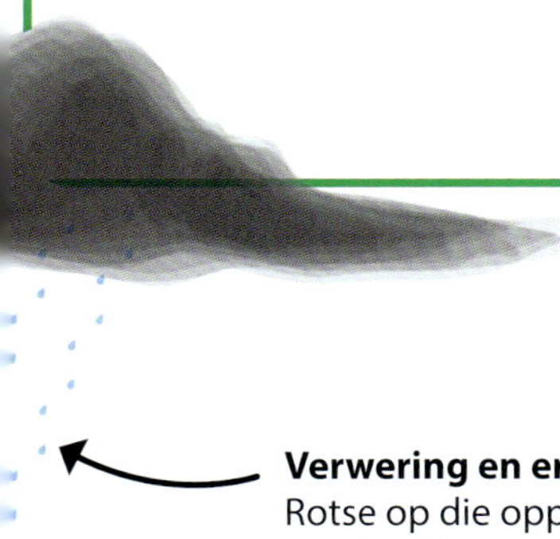

Rotse in beweging

Bewegings in die aardkors laat rotse stadigaan verander. Vulkane bars uit en berge word opgestoot, en die rots wat op die oppervlak beland, word deur verwering afgebreek. Hierdie rotse word rondbeweeg en weer onder die aardkors ingesleep.

Verwering en erosie
Rotse op die oppervlak word in kleiner stukke opgebreek deur verwering. Erosie breek die rotse verder af.

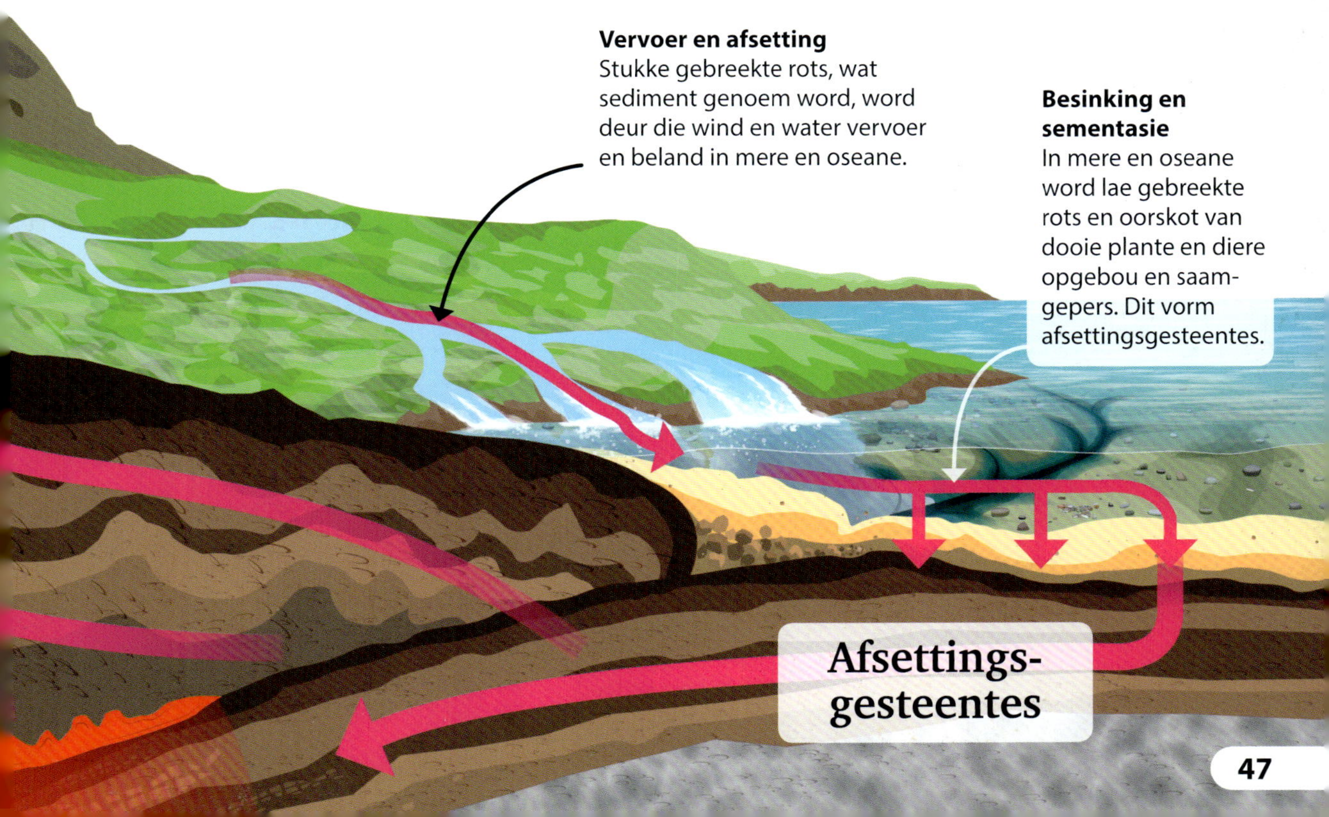

Vervoer en afsetting
Stukke gebreekte rots, wat sediment genoem word, word deur die wind en water vervoer en beland in mere en oseane.

Besinking en sementasie
In mere en oseane word lae gebreekte rots en oorskot van dooie plante en diere opgebou en saamgepers. Dit vorm afsettingsgesteentes.

Gebruike van rots

'n Groot deel van ons planeet bestaan uit rotse en minerale. Dit word diep in die aarde oor 'n tydperk van miljoene jare gevorm. Rotse kom in verskillende vorms, teksture en kleure voor. Dit word gemyn om baie dinge om ons te voorsien. Kan jy raai watter rots waar gebruik word?

B String krale

A Staal-skroewe

Ystererts

Erts is rots in die aardkors wat minerale bevat. Yster is hard en sterk, maar maklik om mee te werk. Dit word baiekeer gebruik om staal te maak.

1

Graniet

Graniet word diep in die aardkors gevorm wanneer magma stadig afkoel. Hierdie harde rots word in geboue en ander groot strukture gebruik.

2

C Tafelsout

D Toringbrug, Engeland

E Taj Mahal, Indië

3 Turkoois

Hierdie blou siersteen is 'n mengsel van koper en aluminium. Dit word al vir duisende jare in juweliersware en beeldhouwerk gebruik.

5 Marmer

Marmer word gemaak van kalksteen. Geweldige hitte en druk kan kalksteen laat kristalliseer en dit in marmer laat verander. Dit is maklik om te kerf en te poleer en dit gee 'n glad afgewerkte oppervlak. Dit word gebruik vir standbeelde en geboue.

Klipsout

Klipsout, ook genoem haliet, vorm wanneer seewater verdamp. Dit laat soutkristalle agter wat mense gebruik om kos mee te geur.

4

Antwoorde: 1D; 2A; 3B; 4C; 5E

FEITE

» **Landoppervlak:** 24,71 miljoen km^2

» **Lande:** 23

» **Bevolking:** 579 miljoen

» **Grootste stad:** Meksikostad

New York, VSA

Noord-Amerika
Dit is die derde grootste vasteland en het die vierde grootste bevolking. Noord-Amerika strek van die Noordpoolstreek tot die ewenaar, dus wissel die klimaat baie.

Suid-Amerika
Verskeie weerstoestande en landskappe word hier aangetref. Daarom kom baie soorte plante en diere hier voor. Die grootste reënwoud ter wêreld, die Amasone, word ook hier aangetref.

Amasonereënwoud, Brasilië

FEITE

» **Landoppervlak:** 17,84 miljoen km^2

» **Lande:** 12

» **Bevolking:** 422,5 miljoen

» **Grootste stad:** São Paulo

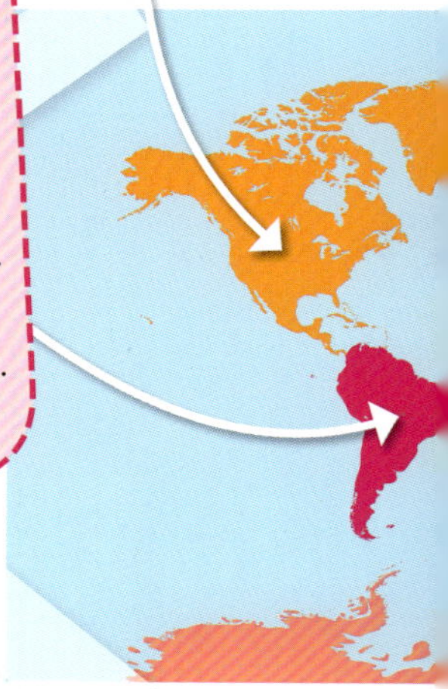

Vastelande

Die landoppervlak op aarde word in sewe groot dele verdeel wat vastelande genoem word. Daar is Noord-Amerika, Suid-Amerika, Europa, Afrika, Asië, Australië en Antarktika. Elke vasteland is in verskillende lande verdeel.

Antarktika
Dit is die koudste, droogste en winderigste vasteland op aarde. Dit is meeste van die tyd amper heeltemal met ys bedek. Net 'n paar soorte plante en diere kom hier voor.

Suid-Georgië, Antarktika

ijing, China

FEITE

- **Landoppervlak:** 10,18 miljoen km²
- **Lande:** 50
- **Bevolking:** 743,1 miljoen
- **Grootste stad:** Istanbul

uropa
Europa is die tweede kleinste vasteland, maar dit het die derde grootste bevolking. Die kleinste land ter wêreld, die Vatikaanstad, is hier.

Beijing, China

FEITE

- **Landoppervlak:** 44,58 miljoen km²
- **Lande:** 48
- **Bevolking:** 4,44 miljard
- **Grootste stad:** Tokio

Asië
Dit is die grootste vasteland. Dit het ook die grootste bevolking, en die grootste stad ter wêreld, Tokio, is hier geleë.

Australië
Dis die kleinste vasteland. Dis omring deur oseane. Die meeste mense woon op eilande of langs die kus.

FEITE

- **Landoppervlak:** 8,6 miljoen km²
- **Lande:** 4
- **Bevolking:** 36 miljoen
- **Grootste stad:** Sydney

Uluru, Noordelike Gebied

FEITE

- **Landoppervlak:** 14 miljoen km²
- **Lande:** 0
- **Bevolking:** 4 000
- **Grootste stad:** McMurdostasie

Masai Mara-wildreservaat, Kenia

FEITE

- **Landoppervlak:** 30,37 miljoen km²
- **Lande:** 54
- **Bevolking:** 1,21 miljard
- **Grootste stad:** Lagos

Afrika
Dit is die tweede grootste vasteland en het die meeste lande. Die wêreld se langste rivier en grootste woestyn is in Afrika.

Landelik en stedelik

Mense woon regoor die wêreld in landelike en stedelike gebiede. In landelike gebiede is daar min huise en baie natuurryke gebiede. In die meeste stedelike gebiede soos dorpe en stede is daar baie geboue en min natuurryke areas. Mense beweeg baie tussen landelike en stedelike gebiede rond.

Landelik

Minder mense woon in landelike gebiede. Dit is minder bebou en daar is meer natuurryke ooptes. Baie mense werk op plase.

! SJOE!

Teen 2030 sal **amper 40 stede** bevolkings van **meer as 10 miljoen** hê!

Stede
Stedelike gebiede is baie bebou. Huise, winkels, kantore en ander geboue is digby mekaar.

Geriewe
Daar is baie winkels, skole, biblioteke en hospitale. Daar kan ook sportsentrums en swembaddens wees.

Bevolking
In baie lande woon die meeste mense in dorpe en stede. Dit is omdat daar baie huise en werksgeleenthede is.

Vervoer
Die meeste stede het goeie vervoerstelsels. Dit sluit paaie vir busse en motors, lughawens en spoorweë in.

Stedelik

Baie mense woon digby mekaar in stedelike gebiede. Daar is baie geboue en paaie. Mense in stede doen allerhande soorte werk.

Landelike en stedelike bevolkings

Oral in die wêreld trek al hoe meer mense van landelike na stedelike gebiede waar daar meer werk en groter salarisse is.

Landelik   Stedelik

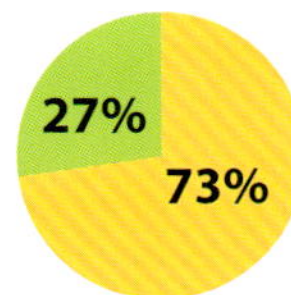

Europa
Die meeste mense in Europa woon in stedelike areas. Die bevolking van baie stede groei steeds.

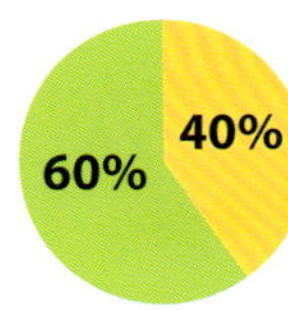

Afrika
Hier is meer werk op plase, dus bly meer mense in landelike areas.

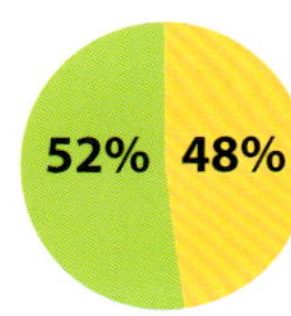

Asië
Die grootste stad in die wêreld, Tokio, is hier. Maar meer as die helfte van Asië se inwoners bly in landelike gebiede.

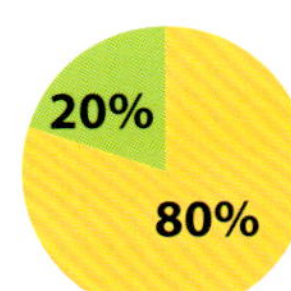

Suid-Amerika
Die stedelike bevolking groei vinnig hier. Die meeste mense woon nou in stede.

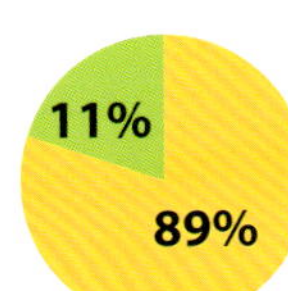

Australië
Party eilande is steeds baie landelik, maar die meeste mense woon in stede langs die kus.

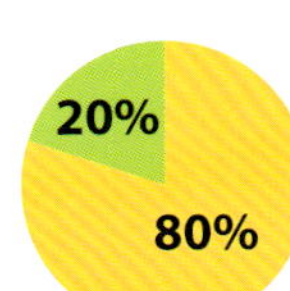

Noord-Amerika
Daar is baie groot ooptes hier, maar min mense woon daar. Die meeste verkies die stadslewe.

Kartering van die wêreld

Kaarte is 'n manier om die wêreld voor te stel. Dit kan 'n klein deel, soos die buurt waar jy woon, voorstel, of 'n groot area soos die hele wêreld. Verskillende soorte kaarte stel verskillende dinge voor. Party stel lande voor, en ander net terreingesteldheid soos riviere en berge.

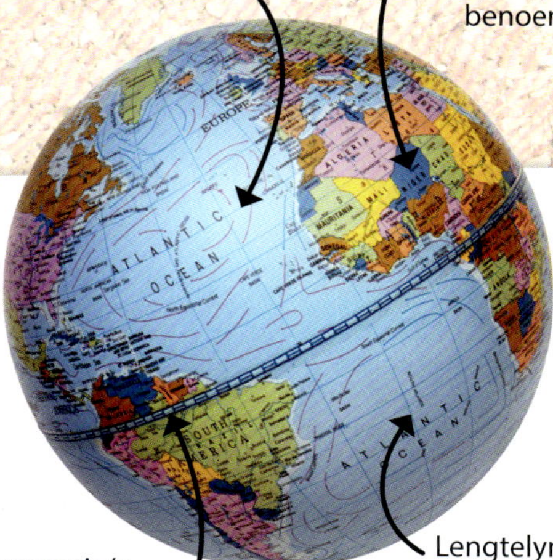

Staatkundige wêreldkaart

'n Staatkundige kaart dui die lande van die wêreld aan. Dit dui grense en stede aan, asook nasionale hoofstede. Denkbeeldig genommerde lyne – die ewenaar en breedte- en lengtelyne – dui die presiese posisie aan op die plekke waardeur dit loop.

Natuurkundige kaart

Hierdie soort kaart dui terreingesteldheid aan. Dit sluit berge, vulkane, riviere, mere, seë, oseane en woestyne in. Verskillende kleure en simbole dui verskillende kenmerke aan.

Straatkaart

Hierdie soort kaart dui aan waar strate in dorpe en stede is. Dit dui ook bushaltes, stasies, skole, hospitale, parke en ander nuttige en belangrike plekke aan.

Straatname word duidelik op die kaart aangedui.

Belangrike geboue word aangedui.

SLEUTEL

- **Metrostasie**
- **Rivierbushalte**
- **Voetgangerpad**
- **Inligting**

'n Skaal dui aan hoe afstande op die kaart met werklike afstande ooreenstem.

Die kompassimbool dui aan waar noord, oos, suid en wes op 'n kaart is.

GPS-kaart

Hierdie akkurate kaart word deur digitale tegnologie geskep. Jy kan op jou selfoon, tablet of rekenaar na 'n GPS-kaart kyk. Dit kan enige tyd aandui presies waar jy is.

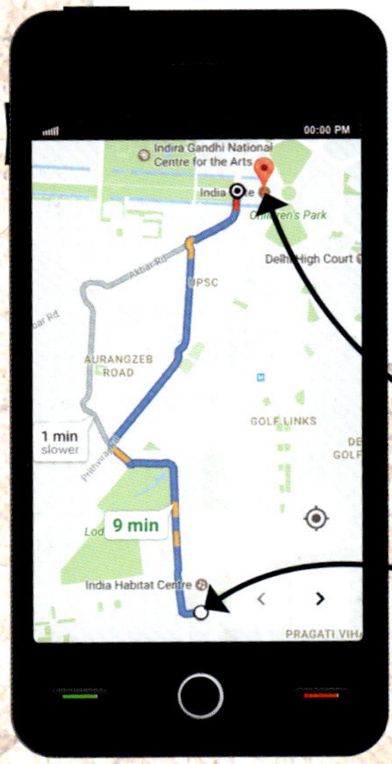

Eindig jou reis hier.

Begin jou reis hier.

Ontmoet die kenner

Dr. Amy Donovan werk by King's College se Geologie-afdeling in Londen, Engeland. Sy spesialiseer daarin om te kyk hoe die wetenskap gemeenskappe kan help wat naby aktiewe vulkane bly. Dr Donovan bied ook praatjies aan by skole en konferensies, en skryf vir wetenskaplike joernale.

V: Ons weet jou werk het iets te doen met geografie, veral vulkane en aardbewings, maar wat presies doen jy?

A: Die meeste van my werk behels die gebruik van wetenskaplike en ander inligting om besluite te neem oor die gebruik van grond en bevolkingsbestuur rondom aktiewe vulkane. Tans kyk ek hoe verskillende lande kan saamwerk om die gevolge van uitbarstings te hanteer.

V: Waarom het jy besluit om geografie en die uitwerking van vulkane en aardbewings te bestudeer?

A: Ek het eers Engels studeer, maar ek het 'n groot belangstelling in geografie en geologie gehad. Ek het toe geowetenskap deur die Ope Universiteit studeer. Daarna het ek 'n MSc in geofisiese risiko's gedoen, en uiteindelik 'n PhD in vulkanologie!

V: Wat doen jy op 'n gewone werksdag?

A: Ek werk by 'n universiteit, so ek gee baie van die tyd klas. Maar party dae gaan ek uit om aktiewe vulkane te monitor, of samel ek inligting in van ander wetenskaplikes en siviele veiligheidsamptenare. Ek bestee ook soms tyd saam met mense wat deur vulkaniese aktiwiteite geraak word om uit te vind wat hulle doen om probleme te oorkom. Ander dae is ek in die laboratorium om monsters van vulkaniese rotse te bestudeer, of ek skryf

Spesiale veiligheidsklere word by vulkane aangetrek.

oor my navorsing, woon konferensies by of gee praatjies by skole.

V: Het jy al enige boeke geskryf of op TV verskyn?

A: Ek was al 'n paar keer op televisie en soms tree ek op as raadgewer vir programme. Ek is tans besig om 'n boek te skryf.

V: Watter soort toerusting gebruik jy?

A: By vulkaniese terreine gebruik ek ultraviolet- en infrarooi-spektrometers om vulkaniese gasse te meet. Ek gebruik ook baie gespesialiseerde sagteware vir kartering en om inligting vir my navorsing te ontleed. In die laboratorium gebruik ek spesiale instrumente om die samestelling van vulkaniese rotse te bepaal.

Spanwerk is belangrik.

V: Hoe akkuraat kan aardbewings en vulkaniese uitbarstings voorspel word?

A: Dit wissel nogal baie. Aardbewings kan nie voorspel word nie, maar ons kan gebiede identifiseer wat meer in gevaar is as ander. By vulkane is daar gewoonlik tekens dat 'n uitbarsting gaan plaasvind. Ons sal dit egter dalk nie agterkom nie, want die meeste vulkane word nie noukeurig gemonitor nie en tekens dat 'n vulkaan aktief gaan word, kan moeilik wees om raak te sien. Maar daar was al geleenthede waar mense betyds gewaarsku en ontruim kon word, soos by die berg Merapi in Indonesië in 2010.

Deur 'n spektrometer

V: Is jou werk ooit gevaarlik?

A: Dit kan wees! Vulkane kan mense verras en ek moes al baiekeer padgee as gevolg van 'n skielike toename in vulkaniese aktiwiteit.

V: Wat is die lekkerste deel van jou werk?

A: Ek is mal oor navorsing. Ek is mal daaroor om saam met vulkanoloë te werk en uit te vind hoe mense wat naby vulkane woon probleme oorkom. Daar is baie om te leer, en dis opwindend en bevredigend om te help om 'n plek teen ernstige skade of verwoesting te beskerm.

V: Wat was jou opwindendste ervaring tot dusver?

A: Ek het die Holuhraun-uitbarstings in Ysland gemonitor in 2014-15. Dit was wonderlik! Ons was in die Yslandse hoogland wat pragtig is. Dit was die grootste uitbarstings daar sedert 1783-84, so dit was wetenskaplik interessant ook.

Feite en statistiek

Daar is baie ongelooflike dinge op ons planeet. Hier is 'n paar vreemde en wonderlike feite wat jy dalk nie weet nie!

6 000 °C

is die aardkern se temperatuur. Dit is warmer as die son se oppervlak!

550

vulkane het uitgebars sedert rekord gehou word. Omtrent 60 is jaarliks aktief.

Dit sal 'n hele jaar neem om langs die ewenaar om die aarde te loop sonder ruskans.

9 000

Dit is met hoeveel mense die bevolking elke uur toeneem. Dit is dieselfde as 25 vliegtuie vol passasiers wat elke uur op die planeet land.

Die oudste rotse op die seebodem is **380 miljard jaar oud.**

Rusland is die **grootste land** ter wêreld. Dit beslaan 11,5% van die aarde se oppervlak.

'n Gemiddelde wolk weeg soveel soos 'n makrostraler

(maar die gewig is oor 'n groot area versprei).

Die diepste punt in die oseaan

is Challenger-diepte in die Stille Oseaan. Dit sal 29 opgestapelde Empire State-geboue kos om van die bodem tot bo te strek.

1,4 miljard

Dit is hoeveel mense daar tans in China is – dieselfde as wat die hele wêreld se bevolking 150 jaar gelede was.

Woordelys

Hier is ’n paar nuttige woorde as jy nog meer oor die aarde wil leer.

aardbewing Bewegings in die aardkors wat die grond erg laat skud

aarde Die vyfde grootste planeet in ons sonnestelsel

atmosfeer Dik lae gas om die aarde wat dit teen die son se strale beskerm

berg ’n Groot landmassa wat bo die omliggende landskap uitstyg, gewoonlik met ’n piek. ’n Berg is gewoonlik hoër as ’n heuwel.

besoedeling Afval wat in die water, lug of op die grond gestort word. Besoedeling kan ’n negatiewe uitwerking op die omgewing hê.

bevolking Die hoeveelheid mense wat in ’n land of kleiner area soos ’n dorp of stad woon

bewaring Beskerming van ’n gebied op aarde

bioom Enige hoofekostelsel op aarde met ’n spesifieke klimaat en plantegroei

erosie Die afbreek van rots deur die weer of water

ewenaar ’n Denkbeeldige lyn wat horisontaal om die middel van die aarde loop

gematig ’n Gebied of klimaat met gematigde temperature

gletser Groot massas ys wat stadig by ’n helling afbeweeg

globale posisioneringstelsel (GPS) ’n Radionavigasiestelsel wat dit moontlik maak vir mense om presiese liggings en aanwysings op aarde te bekom

grasvelde ’n Groot, oop area wat met gras bedek is en baiekeer vir weiding gebruik word

grot ’n Natuurlike ruimte in ’n krans of heuwelhang

habitat Natuurlike omgewing van ’n dier

hittegolf ’n Lang tydperk waartydens die weer ongewoon warm is

kaart Voorstelling van ’n area op die land of in die see wat kenmerke soos grense, berge, strate en stede aandui

klimaat Weerpatrone vir ’n spesifieke gebied

landelik Op die platteland. Die teenoorgestelde van stedelik.

lawa Vuurwarm gesmelte rots wat uit vulkane vloei as dit uitbars

Koraalrif

moerasland Land wat uit moerasse en vleie bestaan

mineraal 'n Samestelling chemikalieë wat 'n vaste stof vorm wat natuurlik voorkom, soos kristalle

oorstroming Wanneer 'n rivier of see oorstroom en die land met water vul

orkaan 'n Storm met baie vinnige, sterk winde

poolstreke Gebiede naby die Noord- en Suidpool

reënwoud 'n Gebied met swaar reënval waar baie bome en ander plante groei. Die meeste is ook baie warm.

rivier 'n Groot massa water wat in 'n waterloop na die see, 'n meer of ander rivier vloei

rots 'n Samestelling minerale wat 'n vaste stof vorm wat ondergronds of op die aarde se oppervlak voorkom

seismograaf 'n Toestel wat aardbewings meet

seisoen Jaarlikse siklusse van verandering wat die weer, diere en plante aantas. Die vier seisoene is lente, somer, herfs en winter.

sneeu Yskristalle wat uit wolke val en aanmekaarplak om sneeuvlokkies te vorm

Atacama-woestyn, Suid-Amerika

sneeustorm 'n Storm waarin sneeu vinnig deur die wind gewaai word

sonnestelsel Die agt planete wat om ons son wentel

stedelik 'n Beboude gebied soos 'n stad of groot dorp. Die teenoorgestelde van landelik.

storm Sterk winde tussen stormsterkte en orkaan-sterkte, van 103-121 km/h

tektoniese plate Groot rotsagtige plate waaruit die aardkors bestaan

toendra 'n Koue, boomlose streek naby die Noord- of Suidpool waar die grond meeste van die tyd gevries bly

tornado 'n Dun spiraal lug wat teen hoë snelheid om 'n gebied met baie lae lugdruk tol. Windsnelheid kan meer as 320 km/h bereik.

tropies 'n Gebied of klimaat met warm temperature

vars water Waterbronne wat vars is en nie sout bevat nie

vasteland 'n Groot stuk land, soos Asië

verwering Die vernietiging van rotse weens die weer, plante of chemikalieë

vulkaan Waar warm magma onder groot druk deur die aardkors bars

woestyn 'n Baie droë plek op aarde. Dit kry jaarliks minder as 25 cm reënval.

wolk Baie klein water-druppeltjies en soms yskristalle

Indeks

Erkennings

Die uitgewer wil graag die volgende mense bedank vir hul hulp met die voorbereiding van hierdie boek: Caroline Hunt vir proefleeswerk, Hilary Bird vir die indeks, Ala Uddin vir hulp met die ontwerp en Dan Crisp vir die illustrasies. Die uitgewer wil ook dr. Amy Donovan bedank vir die onderhoud.

Die uitgewer wil graag die volgende mense en instansies bedank vir toestemming om hul foto's te reproduseer:

Sleutel: b=bo; o=onder; m=middel; h=heel; l=links; r=regs

1 iStockphoto.com: Bihaibo (mro). **3 CNES:** ill. Pierre Carril (mlb). **Getty Images:** Joe Carini (mo). **6 CNES:** ill.Pierre Carril (mlb). **7 Dreamstime.com:** Andrey Armyagov (mr). **12 123RF.com:** Tom Grundy (m). **Alamy Stock Photo:** Emmanuel LATTES (mo). **13 Depositphotos Inc:** Simonwattsphoto (or). **iStockphoto.com:** Daniel Prudek (mlb). **14 Dreamstime.com:** Craig Hanson / Rssfhs (mrb). **15 Alamy Stock Photo:** Juergen Ritterbach (mr). **Getty Images:** Joe Carini (mrb); Mario Vazquez (ml). **16 123RF.com:** Destinacigdem (mlo). **17 Getty Images:** China Photos (mo). **SuperStock:** Dirk Bleyer / imagebroker (mlb). **18 Depositphotos Inc:** JKraft5 (ml). **Dreamstime.com:** Galyna Andrushko (hbm). **19 123RF.com:** Danilo Forcellini (mo). **Alamy Stock Photo:** Collin Harris / era-images (m). **Dreamstime.com:** Patrick Poendi (mo/oase). **FLPA:** Colin Monteath, Hedgehog House / Minden Pictures (hbm). **22 NASA:** Jesse Allen / VSA Geologiese Opname. Lugfoto met toestemming van die Hidrografiese en Oseanografiese Departement, Japannese Kuswag (m). **22-23 Dreamstime.com:** David Carbo (hb). **23 123RF.com:** Brian Kinney (m). **Dreamstime.com:** Helen Hotson (hbr). **24 123RF.com:** Detagan (mo). **25 iStockphoto.com:** Bihaibo (hbr). **SuperStock:** Biosphoto (mo). **26-27 Science Photo Library:** Bernhard Edmaier. **27 Image Library India Pvt Ltd:** Jaime Diaz (mro). **28 123RF.com:** Joerg Hackermann (mlo); Somchai Jongmeesuk (hb). **Dreamstime.com:** Doughnuts64 (mo). **29 Alamy Stock Photo:** Geogphoto (hb). **iStockphoto.com:** MyImages_Micha (mo). **30 Dreamstime.com:** George Burba (mo). **30-31 Alamy Stock Photo:** Blickwinkel (hb). **31 123RF.com:** Mauro Rodrigues (mro); Valentyna Zhukova (mlo). **32 Getty Images:** Image Source (mro). **33 Getty Images:** Stephen Alvarez (mrb); FabioFilzy (mro). **34 123RF.com:** NejroN (mr); Pongphan Ruengchai (mlo). **35 123RF.com:** Pval Cheiko (hbl); Juhani Vitanen (hbr); Marina Vdovkina (ol). **Depositphotos Inc:** Znm666 (mr). **38 123RF.com:** Marisha5 (hbl). **38-39 123RF.com:** Alexey Kamenskiy. **39 123RF.com:** Wiml (hbr): Montree Worasethakorn (hbm). **Getty Images:** Yuri Cortez (or). **40-41 123RF.com:** Lilkar (m). **44 123RF.com:** Morley Read (hbr). **Dreamstime.com:** Andreanita (m). **45 Alamy Stock Photo:** Norman Owen Tomalin (mro). **Dreamstime.com:** Marcovarro (ml). **47 123RF.com:** Tobkatrina (hbr/diep kloof). Depositphotos Inc: Naticastillog (hbr). **Dreamstime.com:** Aitor Muñoz Muñoz (hbr). **48 123RF.com:** Sun_Rise (ml). **49 Dorling Kindersley:** Natural History Museum, London (mr). **Dreamstime.com:** Andrew Barker (hbr). **50 123RF.com:** Bernard Bodo (mb). **iStockphoto.com:** JohnnyLye (m). **50-51 iStockphoto.com:** RichLindie (o). **51 123RF.com:** Feiyuwzhangjie (mb); Vit Kovalcik (mlb). **Dreamstime.com:** Joshua Cortopassi (mr). **53 123RF.com:** Visions of America LLC (r). **Getty Images:** Oleksiy Maksymenko (l). **54-55 Depositphotos Inc:** Delpieroo (o). **56-57 Dr Amy Donovan:** (alle foto's). **60 123RF.com:** Brian Kinney (olr). **Getty Images:** Joe Carini (hbl). **61 Depositphotos Inc:** Jkraft5 (hbr). **62 123RF.com:** Tobkatrina (hbl). **64 Alamy Stock Photo:** Blickwinkel (hbl).
Omslag: *Voor*: **123RF.com:** 1xpert I NejroN mr; **CNES:** ill.Pierre Carril hlmrb; *Agter*: **123RF.com:** Somchai Jongmeesuk mlo; **Dorling Kindersley:** Natural History Museum, London; **Dreamstime.com:** Mtoumbev hbl; *Rug*: **123RF.com:** 1xpert o; *Voorste flap*: **123RF.com:** Jejim o; **Alamy Stock Photo:** Blickwinkel hbr; **Depositphotos Inc:** Znm666 mo; **Imagelibrary India Pvt Ltd:** Jaime Diaz ol; **iStockphoto.com:** MyImages_Micha mlb; *Agterste flap*: **iStockphoto.com:** Naumoid hbm; **NASA:** mo

Alle ander foto's © Dorling Kindersley
Vir meer inligting besoek: www.dkimages.com

Dinge om uit te vind:

Ontdekkingsreisigers

Pytheas

Ekspedisie

Datum: Vierde eeu v.C.

Hierdie ou Griekse reisiger het in die Noord-Europese seë rondgevaar tot by Skandinawië. Hy was die eerste mens wat verslag gedoen het oor die middernagson, poolse ys en auroras.

Zhang Qian

Ekspedisie

Datum: Tweede eeu v.C.

Zhang Qian het 'n nuwe roete gebaan vanaf China na die Weste deur Sentraal-Asië. Dit het bekend geword as die Chinese syroete en is deur handelaars gebruik.

Jeanne Baret

Ekspedisie

Datum: 1766-1769

Jeanne Baret was die eerste vrou wat om die wêreld geseil het. Sy het die ekspedisie se plantkundige bygestaan. Sy moes soos 'n seun aantrek om op die skip toegelaat te word.